La melancolía creativa

La melancolía creativa

JESÚS RAMÍREZ-BERMÚDEZ

DEBATE

El papel utilizado para la impresión de este libro ha sido fabricado a partir de madera
procedente de bosques y plantaciones gestionadas con los más altos estándares ambientales,
garantizando una explotación de los recursos sostenible con el medio ambiente y beneficiosa para las personas.

La melancolía creativa

Primera edición: mayo, 2022

D. R. © 2022, Jesús Ramírez-Bermúdez

D. R. © 2022, derechos de edición mundiales en lengua castellana:
Penguin Random House Grupo Editorial, S. A. de C. V.
Blvd. Miguel de Cervantes Saavedra núm. 301, 1er piso,
colonia Granada, alcaldía Miguel Hidalgo, C. P. 11520,
Ciudad de México

penguinlibros.com

ISBN: 978-607-381-325-9

Impreso en México – *Printed in Mexico*

Sólo quienes están en cama saben lo que, después de todo, la naturaleza no hace el menor esfuerzo por ocultar: al final, ella vencerá, el calor abandonará el mundo; paralizados por la escarcha, dejaremos de arrastrarnos por los campos; el hielo cubrirá la fábrica y el motor con una gruesa capa; el Sol se apagará.

VIRGINIA WOOLF

Índice

Biografía de la melancolía

Así, podemos suponer que quienes participan del canon de la melancolía se entienden y se desentienden, se comunican en la soledad y codifican el misterio de la separación.

ROGER BARTRA

CONSULTA CON EL ORÁCULO

Busco en las ruinas una meditación solitaria, pero los lugares comunes no favorecen el aislamiento reflexivo. Bajo el monte Parnaso, la geografía es verde y accidentada; hay pueblos incrustados en la estructura rocosa de la montaña. Hemos viajado desde puntos diferentes del planeta para discutir los problemas de la medicina neurológica y psiquiátrica. Escucho, sin desearlo, conversaciones fragmentarias de mis colegas. ¿El camino a Delfos perdió su fuerza mitológica?

Leo *El vellocino de oro*, de Robert Graves, para apropiarme del mediterráneo mediante la literatura. Es la versión novelada del viaje de los argonautas: se trata de un mapa simbólico del territorio griego, elaborado a partir de sus mitos fundacionales. Graves ha reinventado el personaje de Heracles: construye un retrato cómico y trágico del gran héroe occidental, quien aparece como un genio sin habilidades reflexivas, atormentado por voces infantiles, fantasmagóricas, que aparecen sin remedio en su conciencia. Son las voces de sus hijos. Heracles les quitó la vida.[1] La novela relata la pérdida del culto a la

11

diosa blanca del Mediterráneo y la instauración del patriarcado en un tiempo mítico, pero se detiene a observar la conciencia herida del hombre más fuerte.

Es el campeón en el torneo incesante de las sociedades humanas. La competencia deja heridos en cada nivel de la pirámide. Incluso en el estrato más alto, el de Heracles, el semidiós, hay signos de dolor. Los crímenes del héroe lo llevan a un padecimiento que será codificado en el tiempo histórico a través de metáforas sucesivas: la escuela hipocrática le llamará "melancolía" y mucho tiempo después, durante el siglo XIX, la psiquiatría europea ensamblará otro constructo, el de la depresión mayor, que no ha sido superado a pesar de sus limitaciones evidentes. Según la Organización Mundial de la Salud, la depresión mayor es una de las causas principales de discapacidad en la escala global.[2] Las ciencias médicas y las disciplinas psicológicas buscan la explicación al problema que Heracles no ha puesto en palabras. La incapacidad reflexiva del héroe le impide buscar los orígenes del sufrimiento. Usa sustancias para mitigar el dolor; pretende escapar, pero no puede hacerlo: el padecimiento está instalado en su conciencia. Y como todo un hombre de acción, encuentra oportunidades para renovar la mitología de la guerra. Y así crece la herida que pretende ignorar.

Cierro el libro. Camino por el templo de Apolo y el teatro antiguo, mientras mis colegas visitan el museo arqueológico. Arriba, más lejos, hay un estadio romano. Sus dimensiones son considerables: podría albergar a miles de personas. Quizá fue un sitio bullicioso en su momento, pero hoy es el rincón solitario de la zona arqueológica. Soy el único visitante en esta parte de las ruinas. La luz ha cambiado y las enormes paredes calizas del monte adquieren notas crepusculares. ¿Dónde está el oráculo que ordenó el autoconocimiento? En mi imaginación, Delfos es el reactor de la conciencia autobiográfica, de la introspección terapéutica y, en algún sentido, de mi propia disciplina médica, la neuropsiquiatría.

Los cuerpos estelares sobre la silueta cortante del monte Parnaso despiertan en mi memoria las palabras de Cicerón, quien escribió hace dos milenios: "Al alma que examina y reflexiona día y noche estas cuestiones, le sobreviene ese conocimiento prescrito por el dios de Delfos, que consiste en que la psique se conoce a sí misma y se siente unida a la divinidad, por lo que se colma de gozo insaciable".[3] Cicerón hablaba y escribía como un hombre con fe en el poder de los dioses, pero hoy cada vez más personas abandonan el camino de la religión. Sin la guía de la inteligencia divina o el sentimiento de fe en un agente sobrenatural, ¿cuál es el significado de este lugar? ¿Busco la reverberación del culto a la diosa venerada antes de la instauración patriarcal? Leí que Delfos fue un sitio sagrado dedicado a Gea, la Tierra. ¿Deberíamos mirar hacia ella mientras nuestra especie transita hacia un desastre ecológico irreversible? Quizá me trae aquí la añoranza por *El lenguaje de la diosa* que fue buscado por Marija Gimbutas entre las lenguas y sociedades perdidas del Mediterráneo.[4]

Las ruinas de Delfos son un espacio metafórico: señalan la nostalgia por el saber omnisciente de las deidades y por los rituales de invocación que gobernaron nuestra vida práctica durante milenios. O tal vez la leyenda del oráculo narra el nacimiento de una conciencia reflexiva, capaz de volver tras de sí para buscar las claves de su propia historia, para gestionar la responsabilidad individual y el conocimiento ético de las colectividades.

La inquietud de sí no brota tan sólo de la curiosidad, que sería un motivo admirable. Los puntos de partida de la interrogación suelen ser problemáticos. En la historia de la cultura, la melancolía ha sido un puerto hacia el autoconocimiento. ¿Por qué la reflexión debe hacerse cargo de un dolor social que habita la conciencia? Pienso en las palabras de Paul Ricoeur: "Cuando decimos que la filosofía es reflexión, queremos decir seguramente reflexión sobre sí misma. ¿Qué significa entonces reflexión? ¿Qué significa el *sí* de la reflexión sobre sí mismo?".[5] Lejos de la visión mística o de una intuición intelectual vana y abstracta al estilo "pienso, luego existo", el filósofo plantea el ejercicio reflexivo como el esfuerzo para volver a captar al ego en el espejo de sus objetos, en las obras y los actos. En nuestros días, el espejo de la humanidad es una geografía política incoherente, donde coexisten la desnutrición y la sobreproducción de alimentos, la racionalidad tecnocientífica y el malestar cultural.[6] La lección epidemiológica es lapidaria: el suicidio es más común que el homicidio en los países con los mejores índices sociales y económicos. Esto no se debe tan sólo a un control más efectivo del homicidio: las naciones desarrolladas tienen, de hecho, una tasa de suicidio mayor a la tasa mundial.[7] En el espejo de nuestras obras encontramos la devastación ecológica, y podemos ver, sin desearlo, el desarraigo y las migraciones masivas generadas por la explotación económica, el negocio de la guerra, la violencia criminal. Si lo miramos bien, el espejo nos muestra la xenofobia en todas sus formas. A veces no se trata exactamente de una fobia, es decir, de un miedo irracional, sino de una actitud a la que llamo *misoxenia*: el odio a los extraños y a la diferencia; es un nexo subterráneo entre fenómenos como el racismo, la desconfianza hacia las lenguas extranjeras, los territorialismos religiosos, ideológicos, la misoginia y la discriminación de clase.

La acción reflexiva, dice Ricoeur, es la reapropiación de nuestro esfuerzo por existir. "La apropiación significa que la situación inicial de donde procede la reflexión es el olvido".[8] Estoy extraviado entre los objetos y separado de los demás; en tales circunstancias la conciencia es una tarea. Desde el oráculo, se ven senderos dispersos que descienden por toda la tierra, a los valles y lagos de la comunidad humana, y tras el horizonte, a los pueblos del mar. Pero una mirada atenta encuentra en esos caminos una constelación heterogénea de pérdidas y amenazas. Para acercarme al problema, puedo elegir entre miles de obras literarias que retratan, a su manera, las configuraciones variables del dolor social. Pero sólo traje un libro a las ruinas bajo el monte Parnaso.

LAS TRES HEBRAS DE LA SERENIDAD

Abro las páginas del texto que me acompaña en territorio griego: *El vellocino de oro*. La luz solar ha desaparecido, pero la miopía me otorga el extraño don de leer en la penumbra si me acerco lo suficiente. Y así entro en la historia de Jason, quien planea el viaje de los argonautas para recuperar el vellocino dorado. En la ficción de Graves, el vellocino es un representante del poder masculino. Jason busca en

14

BIOGRAFÍA DE LA MELANCOLÍA

los oráculos de Delfos y Dodona una señal de bienaventuranza para iniciar el viaje, y recibe instrucciones sagradas para armar una nave marítima, el *Argos*.

Mientras viajan por tierra hacia el golfo de Pagasas, Jason y un amigo suyo escuchan un gruñido espeluznante en medio del bosque. Un perro avanza con rapidez para atacarlos y se precipita sobre la garganta de Jasón. Su amigo logra matar a la bestia con una lanza. De inmediato se escucha un alarido humano: un pastor corre hacia ellos con una jabalina. El animal era su único compañero, y pretende vengarlo. Con reflejos sorprendentes para un hombre que no es un héroe, Jason lo golpea en la cabeza con una rama. El pastor cae al suelo, inconsciente. Lo arrastran al interior de la cabaña. Intentan reanimarlo. Cuando advierten la falta de respiración, comprenden que ha muerto. Se embadurnan el rostro con hollín del hogar y comienzan a hablar deformando la voz, con palabras chillonas y gestos excéntricos: pretenden engañar a los espíritus del pastor y su perro. Al cubrirse la cara con hollín, Jason y su amigo quieren impedir que el fantasma de las víctimas pueda reconocerlos. Si hablan con voces ridículas, es para falsificar el timbre que llegará al oído de los espíritus. Como tantos habitantes de la cultura griega, padecen el terror a ser acosados durante una vida entera por los espectros. El sentimiento de culpa y el miedo sobrenatural a la venganza no logran distinguirse aun en la psique del héroe.

Algún tiempo después, cuando el barco es construido y está listo para zarpar, Jasón sube a lo alto del *Argos* y ordena un sacrificio para bendecir el nacimiento de la nave. Entre los tripulantes se encuentra Linceo, el héroe capaz de ver más lejos y mejor que cualquier persona. Jason le pide mirar hacia el lugar del sacrificio: quiere saber si los espíritus del puerto celebran el ritual.

—Sí lo celebran —responde Linceo—. Pero hay algo extraño: entre los espíritus hay un perro y un viejo más sedientos que los demás. Se están apropiando de la sangre y la carne, y no permiten a otros espectros acercarse al sacrificio.

Robert Graves juega con la ambigüedad de los géneros literarios: ¿se trata de una novela antropológica que estudia el pensamiento mágico de los griegos? ¿O estamos ante una trama fantástica, donde los hechos sobrenaturales irrumpen en el plano de la historia y la naturaleza? Como en ninguna otra de sus ficciones, el escritor inglés explora esas posibilidades en la corriente del juego narrativo. Nos muestra la veneración del más sabio de los argonautas, Orfeo, hacia la diosa blanca del Mediterráneo, desterrada por las religiones patriarcales de Israel y Grecia. *El vellocino de oro* es la historia de ese destierro, del despojo y la usurpación.

Robert Graves imagina sociedades matriarcales unidas por el culto a la diosa, y nos muestra las ceremonias lunares de la fertilidad; las sacerdotisas conciben allí las actividades agropecuarias. En el mundo griego, la invasión sucesiva de Tesalia por los jonios y los eolios, con sus costumbres patriarcales, provoca disturbios en el ámbito religioso: ellos traen costumbres como el matrimonio y la vigilancia de la sexualidad femenina, y desplazan a la diosa blanca para establecer a Zeus como rector de la agricultura. De acuerdo con *El vellocino de oro*, Zeus era hijo de la diosa, pero los mitógrafos griegos, atentos a la transformación sociológica, adulteran los relatos celestiales: cuando sus sacerdotes adquieren poder, Zeus es nombrado esposo de la diosa y luego se dirá, incluso, que es su padre. Los templos de la diosa blanca serán hostigados durante siglos hasta erradicar no sólo la dimensión mítica, sino también el poder político de las mujeres, su influencia en la agricultura y en las jerarquías religiosas. El desenlace inmediato de esta instauración patriarcal, según el escritor inglés, puede ser la locura que conduce al comportamiento homicida y suicida: en el plano mítico, el rey Atamante trae el vellocino de oro a Grecia, como un símbolo de Zeus, el dios-carnero, pero eso no le obsequia prosperidad a su familia. Tras una larga temporada de disputas con su mujer, el rey matará a su hijo, con una flecha. Y la sacerdotisa Ino, esposa de Atamante, matará también a su otro hijo, en el santuario de la diosa, y se arrojará al mar desde un acantilado.

La novela mira con atención al más grande de los héroes patriarcales. En contraste con la lucidez del poeta Orfeo, quien mantiene su fe intacta en la diosa blanca, Heracles aparece en *El vellocino de oro* como un ser acongojado por los efectos de su estupidez moral. A lo largo de la novela, hace proezas extraordinarias, pero sufre episodios de tormento psicológico: escucha las voces de sus hijos, a quienes quitó la vida con sus propias manos, en un rapto de locura provocado por la diosa Hera, según el mito convencional. De acuerdo con Graves, mató a los hijos en un episodio de embriaguez, al confundirlos con serpientes o lagartos. En consecuencia, sus espíritus lo perseguían. Sentía pellizcos, le tiraban de la túnica, y "unas voces infantiles resonaban en su cabeza".[9] Cuando los ritos de purificación habituales resultaron ineficaces, se dirigió a Delfos, en donde recibió el mandato de servir al rey Euristeo durante un "gran año", es decir, un lapso de ocho años según nuestra noción del tiempo contemporánea: "Cuando finaliza, el sol, la luna y los planetas vuelven a estar todos situados en el lugar en que se encontraban al comenzar".[10]

Hoy la medicina psiquiátrica habla de cuadros clínicos de "depresión psicótica", en los cuales hay alucinaciones y delirios, en medio de estados depresivos graves.[11] Sin una intervención efectiva, pueden conducir al suicidio. Durante el siglo XIX, estos fenómenos clínicos fueron diagnosticados como estados de melancolía. En *Los mitos griegos*, Robert Graves hace una ruda deconstrucción antropológica de la locura de Heracles: dice que "la locura era la excusa griega clásica para el sacrificio de los niños; la verdad es que los niños que sustituían al rey sagrado eran quemados vivos, mientras él permanecía escondido durante veinticuatro horas en una tumba, simulando estar muerto. Reaparecía luego para reclamar el trono".[12]

En su célebre *Problema XXX*, Aristóteles pregunta por qué los hombres de excepción son melancólicos. Su caso ejemplar es Heracles.[13] Ya habrá tiempo de estudiar las ramificaciones científicas de este planteamiento. Por el momento, se puede decir que la melancolía atraviesa la historia de la cultura occidental: es un símbolo de la desilusión y el sufrimiento; un signo crítico que indica el desenlace de los disturbios colectivos y las limitaciones de todo esfuerzo civilizatorio. Pero también es un punto de partida de la travesía artística. Virginia Woolf decía que en la enfermedad recurrimos a la poesía, pues el malestar nos indispone a las exigencias de la prosa. En el ensayo *Estar enfermo*, que anticipa su suicidio por ahogamiento, nos dejó un testimonio sobre la historia secreta del cuerpo que emerge en el curso del padecer: "Sólo quienes están en cama saben lo que, después de todo, la naturaleza no hace el menor esfuerzo por ocultar: al final, ella vencerá, el calor abandonará el mundo; paralizados por la escarcha, dejaremos de arrastrarnos por los campos; el hielo cubrirá la fábrica y el motor con una gruesa capa; el Sol se apagará".[14]

El constructo médico de la melancolía surgió en una tradición más antigua que la filosofía aristotélica: la escuela de Hipócrates. El médico de Kos registró términos como la epilepsia, la frenitis, la letargia, la manía y, en fin, la melancolía. Su trabajo médico ofreció metáforas culturales milenarias. Antes de dedicar unas palabras a la genealogía de la medicina científica, ¿podemos escuchar algo más sobre el padecimiento de Heracles? Se trata de una hipótesis literaria sobre lo que pudo ser (y al final no fue) un desenlace terapéutico.

A lo largo de *El vellocino de oro*, la presencia de Heracles en el *Argos* es inconstante. A la mitad del viaje, lo encuentra el heraldo del rey Euristeo, quien le ordena limpiar los establos del rey Augías. ¿Es el mandato más humillante en el ciclo de los doce trabajos? Los establos eran famosos por su peste y las cantidades abominables de excremento. Mientras Heracles atiende la orden, Jason y los argonautas prosiguen su misión rumbo a Cólquide, en busca del vellocino sagrado.

Las tribulaciones de Heracles habían sido una carga para sus compañeros de viaje. Quizá la experiencia de matar a sus hijos fue el origen de las alucinaciones auditivas. Desde la perspectiva del héroe, los espíritus infantiles lo acechaban realmente. Los argonautas se sorprenden cuando, en un pasaje tardío de la novela, lo hallan en Asia Menor y él dice que encontró una fuente de consuelo:

—Queridos camaradas, aprendan a hilar, ¡se los ruego![15]

¿Qué significa todo esto? Al separarse de los argonautas, Heracles se dispuso a cumplir su quinto trabajo: limpiar los establos. El héroe obligó a los servidores del palacio, mediante golpes y amenazas, a que desviaran el curso de dos arroyos cercanos, que arrastraron consigo toda la inmundicia al irrumpir en los establos, y parte del ganado también.[16] Mientras deambulaba por el reino de Lidia, en Asia Menor, conoció en un santuario a la sacerdotisa Ónfale. Ella lo hizo su amante y le compartió su vida pacífica. Él quiso saber el secreto de la tranquilidad. Ónfale le confió que la felicidad pende de tres hebras:

—La fina hebra de la leche cuando la hacemos de las ubres de nuestras ovejas, la fina hebra de tripa que ato de una punta a otra de mi lira pelasga y la fina hebra de la lana cuando hilamos.

Heracles apreciaba la leche y no era insensible a la música de la lira, pero hizo la pregunta: ¿el simple hecho de hilar puede provocar sentimientos de felicidad? Ónfale decidió enseñarle. Él aprendió en seguida y la hebra que empezó a hilar era maravillosamente fuerte. Según Graves, Heracles confesó que siempre había querido ser mujer. En tales condiciones lo hallaron los argonautas.

Ónfale le viste con ropas femeninas; lava, peina y trenza su cabello enredado. En el santuario, Heracles es feliz: los espíritus infantiles no lo reconocen con esos atuendos y dejan de molestarlo.[17] Pero la paz no es duradera: el heraldo del rey Euristeo lo encuentra y ordena el sexto trabajo.

Heracles, el más fuerte de los mortales, es incapaz de huir del mandato de Delfos, que lo lleva de regreso a la gran corriente humana del dolor social. El heraldo siempre trae malas noticias, obligaciones renovadas, disposiciones que debe y no quiere cumplir: en fin, el héroe será arrancado del pequeño refugio femenino construido junto a la sacerdotisa, para ser incorporado otra vez en los campos de batalla de la jerarquía colectiva.

Este ensayo busca claves científicas para entender el dolor social. Una corriente de abandono y violencia atraviesa a los individuos y las colectividades. Transfigura nuestras vidas, para endurecerlas o desarticularlas. Al nombrar la melancolía del héroe griego, las ficciones fundacionales de la civilización occidental intuyeron el poder corrosivo y contagioso de un daño generado por la pérdida y la amenaza. Hoy sabemos que ese fenómeno, anclado en la dislocación sociológica, deja una marca neural semejante a la del dolor físico: la tecnología neurocientífica nos muestra esa imagen y nos desconcierta. La ciencia neural de una investigadora judía, la doctora Naomi Eisenberger, nos ofrece el estudio de la geografía interna del cerebro, en pleno siglo XXI, y podemos ver que el dolor provocado por la fractura de las relaciones humanas enciende las regiones del cerebro emocional que se activan, asimismo, mediante el dolor físico.[18]

Heracles desconoce la ciencia. No sabe que un médico en la isla de Kos investigará las raíces cerebrales de la enfermedad sagrada y la materialidad imperfecta de la manía y la melancolía, como lo hará dos milenios después la doctora Eisenberger. Aun así, la creación literaria nos regala la oportunidad de contemplar un momento inusual de reposo en el viaje del héroe: al dejar atrás la mitología de la guerra y mediante el trabajo virtuoso con la hebra de la lana, Heracles, el semidiós, vestido con la ropa y las actitudes de una mujer, ha encontrado un tiempo y un espacio más allá del tormento melancólico.

HIPÓCRATES Y LA ENFERMEDAD DE LA BILIS NEGRA

El día de hoy, la isla de Kos pertenece a Grecia. Así ocurría en los tiempos del médico más influyente en la historia del conocimiento. Al decirlo de esa manera, parece que la historia de esa tierra ha estado libre de conmociones. La pequeña isla del mar Egeo, que mide cuarenta y cinco kilómetros en su eje más largo, fue conquistada por los griegos y, según la tradición, participó en la guerra de Troya. Cuando nació Hipócrates, cuatrocientos sesenta años antes de Cristo, era dominada por Atenas. Desde entonces, ha sido invadida y colonizada por los persas, los macedonios de Alejandro Magno, por Roma, Constantinopla y el Imperio otomano. En pleno siglo xx, la isla fue ocupada por los nazis. Regresó al dominio griego en 1947.

Hasta donde sé, Hipócrates fue el primer autor en hablar de la melancolía, pero es difícil reconstruir la historia griega de la medicina. El paso de la información clínica queda oscurecido por las leyendas de la época. El propio Hipócrates fue objeto de relatos exuberantes: se le consideraba descendiente, por línea paterna, de Esculapio, el dios de la medicina, y de Heracles, por el lado materno. En teoría, la miel de una colmena situada en la tumba de Hipócrates tenía poderes curativos. Algunos siglos después, se dijo que el sobrino del emperador Augusto resucitó cuando una estatua del médico fue levantada en Roma. Estos cuentos mágicos traicionan a Hipócrates: un pensador materialista que combatió la idea de que hay enfermedades "sagradas". Su vocación lógica, por cierto, lo llevó a estudiar la ciencia matemática con Pitágoras.[19]

No es fácil verificar si salvó a Atenas de una plaga, pero recibió grandes honores en esa ciudad.[20] Pericles, político y orador, le pidió auxilio durante la plaga; el médico supuestamente observó que los artesanos tenían menos riesgo de contagiarse debido a su proximidad con el fuego. Bajo sus órdenes, los cadáveres de las víctimas fueron quemados, lo cual disminuyó la expansión de la plaga. En agradecimiento, los niños de la isla de Kos fueron educados de manera gratuita en Atenas.[21]

Se le llama "el padre de la neurología".[22] Setenta y dos tratados se encontraban en las vastas librerías de Alejandría y conformaron el *corpus hippocraticum*. Al parecer, sólo algunos fueron escritos por él, entre ellos, los libros relacionados con el sistema nervioso: *Sobre las heridas de la cabeza* y *Sobre la enfermedad sagrada*. Juzgó que la sacralidad de la epilepsia era un truco retórico de charlatanes, médicos y sacerdotes, para ocultar la incapacidad terapéutica. Hipócrates pensó que provenía de un mal funcionamiento cerebral: no era más sagrada que las enfermedades del riñón, el hígado o cualquier órgano corporal.[23] Se sabe que usó el término "apoplejía" para describir la aparición súbita de parálisis en la mitad del cuerpo o en las extremidades inferiores. Observó que la lesión de la arteria carótida produce parálisis en el lado opuesto del cuerpo. La migraña, las lesiones de la columna vertebral y la meningitis aparecen en sus escritos.[24]

Entre los relatos de Hipócrates, apócrifos o no, su relación con Demócrito ha recibido una gran atención.[25] El doctor Germán Berrios nos cuenta que —según la mitología hipocrática— los habitantes de Abdera, donde vivía el filósofo, escribieron al médico para pedirle ayuda con "la enfermedad de Demócrito". En una carta, probablemente apócrifa, explican que "el filósofo se olvida de todo, olvida su cuidado personal, está despierto todo el día, ríe de todo, no toma las cosas en serio y piensa que nada tiene sentido; pregunta y escribe sobre cosas ocultas y extrañas que nadie entiende, dice que el aire está lleno de imágenes, y se entretiene escuchando el canto de los pájaros. Se levanta a veces, de noche, tarareando, y dice que puede viajar al infinito si quisiera, y que ha descubierto que hay varios Demócritos idénticos a él".[26] Berrios prosigue con este relato (al que califica como mitológico): los habitantes de Abdera ofrecen dinero a Hipócrates para que viaje y atienda al filósofo, pero Hipócrates se ofende y afirma que la medicina es un arte que se practica gratis. Tras examinar a Demócrito, considera varias hipótesis diagnósticas y una por una las rechaza. Hipócrates piensa que no es un caso de locura: lo que ha pasado, expresa, es que el filósofo tiene un conocimiento tan profundo de la realidad que se ha entristecido, pero que en lo esencial es un hombre feliz. La conclusión hipocrática es que no es Demócrito, sino la población de Abdera, la que necesita tratamiento. En palabras del médico: "Demócrito glorioso: me llevaré de regreso a Kos los regalos de tu hospitalidad, y la admiración que tengo por tu sabiduría; regreso a mi hogar como el heraldo de alguien que ha entendido al verdad acerca de la naturaleza humana".[27]

El doctor Berrios, profesor de historia y filosofía de la psiquiatría, piensa que la carta, apócrifa o no, contiene una lección para la epistemología de la medicina psiquiátrica: en la formación de un constructo clínico intervienen los factores neurobiológicos, la señal cerebral alterada por la patología, pero de manera complementaria —o alternativa— la configuración de los síntomas mentales está influida por la cultura y el contexto en el cual se establece el encuentro entre médico y paciente: el espacio intersubjetivo donde ambos interactúan no es ajeno al andamiaje cultural, a las presiones políticas, económicas, sociales, así como a la historia personal y colectiva que conduce a la formación de conceptos.

Hipócrates hizo los primeros escritos acerca de eso que en francés se escribe *mélancolie*, en portugués *melancolia*, en italiano *malinconia*, en inglés *melancholia*, y en alemán *melancholie*. Todas estas lenguas heredaron la etimología griega: *melas*, "negro", y *colé*, "bilis".[28] La melancolía se menciona unas cincuenta veces en el *corpus hippocraticum*.[29] ¿Observó Hipócrates el patrón clínico descrito por los médicos psiquiatras de los siglos XIX y XX? Sería un exceso afirmar que este diagnóstico corresponde de manera fiel a lo que hoy llamamos depresión mayor. El médico griego dice: "Si el temor o la tristeza duran mucho tiempo, tal estado es melancólico,"[30] y menciona a una paciente que sufría "falta de apetito, desaliento, insomnio, accesos de ira, malestar".[31] En las formulaciones actuales de la depresión mayor se mencionan la disminución del apetito, el estado de ánimo deprimido, el insomnio, la irritabilidad y un malestar significativo.[32] En otro momento del *corpus* se afirma que, en el caso de las personas melancólicas, la sangre se "estropea por la bilis y la flema", y "su estado de espíritu se perturba; algunos de ellos también enloquecen".[33] Estas palabras animan a los estudiosos a pensar que la melancolía griega era una forma de locura relacionada con estados prolongados de miedo y tristeza: algo semejante a la depresión psicótica descrita por la psiquiatría contemporánea. Otros autores, eruditos y escépticos, dudan que la palabra "melancolía" haya estado relacionada con el patrón clínico de la depresión mayor, sino que sería el nombre dado a "cualquier condición semejante a la postración, física y mental, provocada por la malaria". Se suponía que la "fiebre cuartana" o "malaria cuartana" eran causadas por la bilis negra.[34] ¿Es posible que el mito de la melancolía se haya construido sobre una especulación científica sin fundamento y sobre errores de terminología y traducción?

El que nunca haya existido evidencia de una relación entre la clínica melancólica y el exceso de la bilis negra no impidió que esta teoría precientífica se extendiera en el tiempo y en el espacio. La expansión puede deberse, en primer lugar, a la autoridad de Hipócrates. Si bien la teoría de los humores era totalmente falsa, fue una herramienta del pensamiento materialista frente a las teorías mágicas y religiosas de la enfermedad. El poder metafórico del concepto pudo haber llenado un vacío cultural, al ofrecer una imagen y una explicación para un padecimiento capaz de llevar a los individuos más allá de lo razonable y lo comprensible.[35] Aunque la explicación hipocrática era incorrecta, fue un recurso lingüístico necesario para estabilizar un concepto médico que sobrevivió a la Edad Media y al Renacimiento. Paracelso desechó la teoría de los cuatro humores, pero la *Anatomía de la melancolía*, de Richard Burton,[36] muestra que en el siglo XVII, la teoría de la bilis negra no había sido superada. Burton tuvo la cortesía de registrar las controversias sobre las causas de esta entidad, los órganos afectados, los síntomas relevantes.[37] Según Burton, lo esencial en la clínica de la melancolía era la presencia de temor, tristeza y delirio, sin fiebre; no había un consenso en cuanto a una posible localización cerebral. Aunque el primer párrafo de *Don Quijote de la Mancha* ubica sin ambivalencias el desvarío de Alonso Quijano como un mal del cerebro, Francisco González-Crussí nos recuerda que en pleno siglo de las luces, durante la Ilustración, un eminente autor citaba numerosas observaciones de autopsias de pacientes melancólicos, en las que se encontraron alteraciones del sistema nervioso, pero "el bajo vientre mostraba toda suerte de anormalidades: vísceras deformadas, órganos hinchados, sangre oscura, tejidos negruzcos".[38]

Las ideas de Hipócrates fueron el contrapeso necesario frente a las tendencias mágicas y religiosas de la mentalidad mediterránea. Por desgracia, se convirtieron en un nuevo dogma durante más de dos milenios. Sólo en los siglos recientes la observación clínica y la investigación científica han dejado atrás al *corpus hippocraticum*. Aun así, en plena edad de la razón y la ciencia, hay lugar para leyendas: en la isla de Kos se rinde homenaje al árbol de Hipócrates, un plátano oriental considerado "el más grande y antiguo de Europa", supuestamente con más de quinientos años de edad, y que sería descendiente del árbol donde el maestro enseñaba a sus alumnos.[39] Más aún: la influencia del médico de Kos está viva en el corazón del mundo neurocientífico. Al hacer una búsqueda en las bases de datos más prestigiadas de la medicina, hasta un diez por ciento de los artículos neurológicos mencionan al *corpus hippocraticum* entre sus fuentes.[40] Como puede verse, este ensayo no es la excepción.

PERDER LA FE

Hipócrates piensa que la melancolía resulta de una pérdida de equilibrio en la profundidad del cuerpo humano. Con las herramientas conceptuales de su momento, construye una hipótesis: algunos individuos padecen estados patológicos de miedo, tristeza, pérdida del sueño, el apetito y la razón: son víctimas de la enfermedad de la bilis negra. Si el concepto hipocrático se refería a un patrón clínico semejante a la depresión mayor de la psiquiatría contemporánea, es difícil saberlo; quizá sólo hablaba de la fiebre cuartana, en personas con malaria. En todo caso, la melancolía ha sufrido transformaciones conceptuales a lo largo de los siglos, para dar lugar a la depresión mayor. A mediados del siglo xix, la palabra "depresión" aparece en los diccionarios médicos y proliferan ideas acerca de su génesis.[41] Estas ideas se complementan o compiten entre sí. Algunas hipótesis enfatizan, como lo hizo Hipócrates, el papel de la disfunción corporal, pero lo hacen mediante terminologías neurocientíficas; otras doctrinas señalan el papel de los acontecimientos sociales (la violencia, las pérdidas) en la constitución del sujeto depresivo. ¿Hasta qué punto es válido sostener hoy en día esas dicotomías? En el escenario clínico, debemos estar abiertos a las explicaciones corporales y al papel de la cultura y la biografía, porque nunca sabemos qué forma tomará la adversidad en el relato del siguiente enfermo. Así recupero un caso olvidado en mi libreta clínica.

1990. Silvia recibía maltrato físico de su padre, y años después, de su primer esposo. Sus familiares la recuerdan como una persona trabajadora, dinámica, dispuesta a pelear contra el mundo, y con esa misma actitud la vieron disolver su primer matrimonio, aunque llevaba la carga de dos hijos. Su segundo marido era comprensivo y pacífico. Silvia tuvo tres hijos más con él.

1994. Al final del quinto embarazo, el trabajo de parto hizo irrupción de manera brusca, con un sangrado abundante a través de la vagina. Su ginecóloga diagnosticó un problema conocido como "placenta previa": el camino del feto hacia el canal de parto era obstruido por la placenta. Se realizó una cesárea urgente. El bebé nació sin complicaciones, pero Silvia enfermó. Su madre, la señora Bertha, apenas recuerda los detalles. Tras varios días de hospitalización, no pudo amamantar al bebé; la menstruación desapareció para siempre, y sus familiares afirman que se volvió apática, lenta para hablar y moverse. ¿Perdió el interés por su propia vida?

Mantuvo su trabajo como secretaria en una empresa. Pero no estaba tranquila: por motivos incomprensibles, sus compañeros sospechaban que había perdido la razón. Quizá por envidia: era la trabajadora más eficaz. La vigilaban y hablaban mal de ella. Su jefe la miraba con antipatía. Le imponía las peores tareas o la insultaba. Cuando la señora Bertha escuchó esa historia de maltrato, decidió investigar: se entrevistó con el jefe y le advirtió que su hija no estaba sola, que tuviera cuidado. El señor, sin embargo, se comportó con amabilidad y aseguró que no había maltrato: nadie hablaba mal de ella en la empresa. Silvia fue a trabajar unos meses más, pero la situación le resultó insoportable y abandonó la actividad.

1997. El esposo de Silvia enfermó de una condición grave y murió. Durante el duelo, Silvia comía y dormía mal, lloraba todos los días y no mostraba interés por la vida, aunque no dejó de cuidar a sus hijos. Era cada vez más desconfiada. Perdió la fe en las demás personas. Las vecinas la tildaban de loca; planeaban asesinarla. La señora Bertha contempló la evolución de su hija con extrañeza. Un día Silvia tuvo un exabrupto de ira. Exclamó que la sal, en su propia mesa, era un veneno; lloró muchas horas, sin alivio: ningún consuelo siguió a la catarsis. La señora Bertha comprendió que su hija era víctima de un delirio.

1998. Silvia estaba aislada en su propia casa: pasaba horas en el patio, entre las plantas, con un gesto de indiferencia. Presentó insomnio, dejó de comer. Acusaba a un vecino de haber violado a su hija menor. Juraba que las vecinas querían matarla, y a sus hijos. Decidió encerrarse de manera definitiva con ellos, para protegerlos. Aun en la soledad y el encierro, los insultos no desaparecían, como si las vecinas estuvieran adentro del cuarto, con ella. La ruina y la muerte eran inminentes. La señora Bertha escuchaba los gritos de su hija: eran exclamaciones de dolor, porque sentía que se quemaba, que su cuerpo entero había sido prendido en llamas por los enemigos; por razones desconocidas el tormento se prolongaba: seguía consciente del encierro y veía la angustia de los niños, pero no podía subvertir la condenación.

14 de agosto de 1998. La señora Bertha teme que su hija atente contra su propia vida y la de los niños; por esa razón, Silvia es traída al servicio de Urgencias del Instituto de Neurología, en México. Su rostro es inexpresivo y cierra los ojos varias veces durante el examen médico. ¿Duerme? ¿Se trata de un gesto voluntario para evadir la situación? Durante la exploración física, encuentro manchas pálidas, descoloridas, en la piel, y una peculiar hinchazón de piernas y brazos. La presión arterial es muy baja y se ha reducido la concentración de sodio en la sangre. El análisis hormonal revela una deficiencia grave en el funcionamiento de la glándula tiroides, pero también de las glándulas suprarrenales.

Doña Bertha me explica que Silvia era golpeada por su padre y su primer esposo. Regresa a ese punto cada vez que relata el encierro de los últimos meses.

—No sé qué pasó —me dice—. Al final nos acusaba a todos de querer matarla. Creía que yo iba a usar veneno y se negaba a comer. Al final, cuando estaba encerrada, pensé que iba a quemar su propia casa, con todo y los niños. Ella me dijo que era la única manera de liberarse de esta maldición.

Puedo mirar, atónito, la fortaleza de esta mujer que cuida a su hija hasta las últimas consecuencias, mientras se hace cargo de los cinco nietos. Doña Bertha narra varias veces los sucesos recientes, en busca de explicaciones. Pero un hecho singular sale a la luz. Al final de su último trabajo de parto, la hemorragia provocada por la posición de la placenta generó coágulos sanguíneos: uno de ellos viajó hasta el sistema arterial de la cabeza y obstruyó la irrigación sanguínea de la glándula hipófisis. Esto desencadenó un proceso de muerte celular en una pequeña estructura: la hipófisis. Esta glándula coordina, a través de mensajeros químicos, el trabajo de otras glándulas, como la tiroides y las suprarrenales.

1 de septiembre de 1998. La muerte hipofisiaria desencadena efectos en todo el organismo: se reduce la síntesis de hormonas tiroideas y en consecuencia se retrasa el metabolismo de todo el cuerpo: hay aumento de peso, estreñimiento, lentificación intelectual, anemia… También se reduce la producción de cortisol por las glándulas suprarrenales: esto provoca fatiga, anemia, niveles bajos de presión arterial y concentraciones deficientes de sodio y glucosa en la sangre. ¿Cómo pudo soportar Silvia tantos años una condición capaz de aniquilar a otras personas? La hipófisis fabrica una sustancia que da lugar a la melanina, la hormona que colorea la piel. La falta de melanina provocó manchas descoloridas en el rostro, los brazos, la espalda y los hombros. Si fue incapaz de dar a su quinto hijo la alimentación al pecho materno, fue porque la hipófisis no era capaz de sintetizar otra hormona, la prolactina, que estimula la producción de leche. En los años recientes, Silvia padeció las consecuencias de este funesto estado de destrucción glandular y pobreza hormonal, conocido como síndrome de Sheehan.[42] Por fortuna, el diagnóstico ha abierto las puertas hacia un entendimiento de su patología. La doctora Lesly Portocarrero, especialista en neuroendocrinología, la atiende mediante un tratamiento hormonal, con lo cual hemos observado una lenta recuperación fisiológica en el cuerpo de Silvia. El tratamiento antidepresivo le ayuda a recuperar el estado de ánimo, el apetito, el sueño y la capacidad para pensar y concentrarse. Esto ha sido el punto de partida para un trabajo psicoterapéutico, dedicado a trabajar los procesos incompletos del duelo y nuevas estrategias para afrontar las adversidades.

5 de noviembre de 2020. Dos décadas después de atender a Silvia, pienso que su caso tiene un doble aspecto: hay un relato de las cosas humanas, de las personas y sus sentimientos, pero hay también una dimensión oculta al examen directo de los sentidos, incluso al trabajo de la introspección: es una historia secreta del cuerpo, de los órganos y su concierto. El maltrato físico durante la infancia, la violencia de pareja, la pérdida de los seres queridos, la responsabilidad de la crianza en tiempos de pobreza: todo ello tiene un impacto demoledor sobre nuestra memoria emocional.[43, 44] Los factores sociales de riesgo para el desarrollo de la depresión mayor se ubican en dos ejes: el eje de la privación social, que incluye a las pérdidas, y el eje de la amenaza, que incluye a la violencia íntima.[45] Silvia sufrió problemas en ambos ejes. Pero su tristeza patológica se agudizó tras la muerte de su glándula hipófisis. Bajo los efectos de la deficiencia hormonal, perdió el juicio de la realidad, desarrolló delirios y alucinaciones, y fue incapaz de relacionarse con el mundo, aunque nunca perdió el instinto materno. Técnicamente, Silvia fue clasificada como portadora de un cuadro de "depresión psicótica, secundaria a panhi-popituitarismo", aunque sería mejor reconocer que su problema fue psicobiológico y psicosocial. El caso de Silvia nos advierte que puede haber una dimensión física en la depresión, la cual no está separada de los conflictos psicológicos o las adversidades sociales: todos estos vectores convergen en un individuo con vulnerabilidades específicas y cuando superan sus capacidades de afrontamiento, desencadenan cambios en el organismo: en el sistema nervioso, en los mecanismos de respuesta inmunológica y hormonal al estrés.[46]

¿Tiene sentido la tristeza en los estados depresivos o se trata de un sentimiento absurdo, sin razón de ser? El psicoanálisis y otras escue-las psicológicas postulan que el malestar tiene un sentido explícito o encubierto: los síntomas son como símbolos, necesitan una labor de interpretación para hacerlos comprensibles. Si el sujeto descubre en la historia simbólica de su vida las claves del sufrimiento, ¿no sería ca-paz de instaurar una hermenéutica de sí y de transformar su relación con el mundo? Mediante el autoconocimiento, el sujeto recuperaría su capacidad de actuar y de amar, y podría redescubrir la alegría: el sentimiento que aparece cuando uno es capaz de generar encuentros, como diría Spinoza. Pero también pienso en las implicaciones que tiene, para una hermenéutica de sí, la noción de una tristeza "sin sen-tido". En su libro *Finitud y culpabilidad*, Paul Ricoeur habla de la fali-bilidad humana: la propensión de nuestro espíritu a caer en el mal.[47] ¿Debería aceptar que mi vulnerabilidad a caer en los estados depre-sivos depende de un capricho biológico generado por la fuerza ciega del azar? En el caso de Silvia, ese capricho está representado por la muerte de la glándula hipófisis durante su último trabajo de parto. La materialidad recalcitrante de la enfermedad puede hacernos per-der la confianza en ese proyecto según el cual el autoconocimiento sería suficiente para liberarnos del padecimiento afectivo. En la co-tidianidad tomamos tiempo para narrar historias acerca de nosotros mismos, con la intención de encontrar sentido a nuestras vidas. Pero al contemplar un relato como el de la señora Silvia, sin prisa y con la perspectiva suficiente, pienso que el relato individual es insuficiente para comprender la estructura lógica del sufrimiento humano. Por una parte, la historia clínica debería incluir la gran corriente social, la cultura y la genealogía en donde aparece el sujeto. Las ciencias sociales y las humanidades serían disciplinas necesarias para entender este contexto y su profundidad histórica. Aquí aparece la inequidad de clase y género, la discriminación racial y cualquier forma de violencia o negligencia que se gesta en el dominio colectivo. Por otra parte, la investigación clínica nos revela una realidad genética, proteómica, neuronal y fisiológica: en fin, una dimensión corporal oculta que requiere un desciframiento científico. Ambas dimensiones, el cuerpo y la cultura, nos remiten a un nivel impersonal del relato clínico que resulta indispensable para alcanzar una comprensión de sí, para dar sentido a la tristeza absurda. El campo de batalla de la depresión es la vida entera, con sus adversidades, donde cada sujeto lucha por mantener su dignidad ante las fuerzas sociales opresivas que no se transforman en un nivel individual de análisis, sino en el plano colectivo de la organización humana.

EL SOL NEGRO DE LA MELANCOLÍA

Los trabajos de Hipócrates dominan la medicina griega, pero en siglos posteriores la influencia llega más lejos. La melancolía provoca la reflexión de los pensadores occidentales durante más de dos milenios. Así sucede con Aristóteles. Mediante las conquistas de su alumno, Alejandro Magno, la cultura griega se extiende a la tierra de Canaán, a Egipto, Mesopotamia, al Imperio persa. La concepción de la melancolía como enfermedad de "la bilis negra" capaz de provocar "miedo, tristeza, y locura" se expande en el tiempo y en el espacio. Estas ideas dominarán la medicina europea, árabe, persa durante la Edad Media y el Renacimiento.

Aunque Aristóteles no estudia medicina, como su padre, aborda problemas que hoy conciernen a las ciencias médicas. Se le atribuye la escritura de un texto relevante para comprender la relación entre la melancolía y el pensamiento creativo: se trata del *Problema XXX*,[48] aunque hay controversias en cuanto a su autoría. Como sucede con tantos documentos de la Antigüedad, es imposible confirmar quién escribe en realidad ese texto. Si lo hizo un autor olvidado por la historia, le pido disculpas y permiso para usar, en lo sucesivo, el nombre de Aristóteles. Cito las palabras iniciales del *Problema XXX*: "¿Por qué razón todos aquéllos que han sido hombres de excepción, bien en lo que respecta a la filosofía, o bien a la Ciencia del Estado, la poesía o las artes, resultan ser claramente melancólicos, y algunos hasta el punto de hallarse atrapados por las enfermedades provocadas por la bilis negra?".[49]

Aristóteles se refiere a los hombres de excepción; ignora a las mujeres excepcionales. La primera figura del *Problema XXX* es Heracles, un personaje mitológico que sintetiza los rasgos físicos y conductuales masculinos idealizados por la cultura griega. Sin embargo, es víctima de la locura melancólica. Aunque hoy se dice que la depresión mayor afecta con más frecuencia a las mujeres que a los hombres,[50] en la Antigüedad no se creía que la melancolía era cosa de mujeres, y en pleno siglo XVII, al publicar su *Anatomía de la melancolía*, Richard Burton declara que la enfermedad de la bilis negra es más frecuente en los hombres.[51]

El *Problema XXX* presenta también el caso de Áyax el grande, rey de Salamina, quien fue entrenado por el centauro médico, Quirón, al igual que su primo Aquiles. La leyenda del centauro se pierde entre huellas remotas: aparece como maestro de Heracles y del dios de la medicina, Esculapio, y como el cuidador de Jason. En la guerra de Troya, Áyax pelea para el ejército griego con un hacha y un escudo. Cuando Aquiles se disgusta con el rey Agamenón —líder de los griegos— y abandona la batalla, Áyax debe enfrentar a Héctor, el mejor de los guerreros troyanos. Luchan en dos ocasiones, y no hay un vencedor. Como un reconocimiento a la destreza y el valor de Áyax, Héctor le regala su espada.

La muerte de Aquiles significa una ruptura al interior de las huestes griegas. Áyax y Ulises, compañeros de pelea, disputan el honor de enterrar el cuerpo del héroe muerto y de resguardar su armadura. Cuando Ulises recibe el trofeo, Áyax pierde el juicio, y durante un estado de ira y confusión, mata un rebaño de ovejas. Al recobrar la lucidez, siente una gran vergüenza, y ante la humillación inminente se quita la vida con la espada obsequiada por Héctor.

Sófocles escenifica la locura de Áyax en una obra trágica. En un momento de la pieza, el rey Agamenón prohíbe la sepultura de Áyax, como castigo a los insultos que profirió a Grecia y a los dioses. Ulises, el rival de Áyax, levanta la voz para aconsejar al rey Agamenón que permita la sepultura y el entierro del guerrero.[52] Agamenón manifiesta su odio hacia el muerto, pero acepta el elegante desafío moral de Ulises. Áyax es honrado mediante un descanso justo bajo la tierra, pero esto sucede a regañadientes, gracias a la mediación de un adversario honorable que respeta la dignidad del héroe cuando otros pretenden negarla.

¿Hay una asociación entre la melancolía y el talento excepcional más allá del mero azar? Algunos ensayos psiquiátricos exploran las ramificaciones de esta pregunta en los escenarios políticos y artísticos. La relación puede plantearse de muchas maneras: la depresión mayor obsequia una visión trágica y menos superficial de la vida a personas con talento, y sus obras adquieren profundidad psicológica. O bien, es posible que la creatividad artística y la melancolía tengan factores de riesgo comunes, como el alcoholismo, el uso de algunas drogas, el abandono y otras adversidades en etapas tempranas de la vida. Quizá existe una relación genética oculta entre la depresión mayor y la creatividad. El nexo podría estar dado por otros trastornos mentales en los cuales hay estados depresivos, pero también estados de manía, dentro de eso que ayer fue llamado psicosis maniaco-depresiva, y hoy llamamos "trastorno bipolar".[53] En los episodios de manía o hipomanía, las personas con talento podrían tener más actividad artística, científica o política.[54] No se puede descartar de antemano una relación con la esquizofrenia: las alucinaciones y los delirios insólitos y extraños quizá tendrían un papel en la generación de una obra artística.[55] También se ha planteado que la relación entre la psicopatología y la creatividad es más bien de oposición: cuando los sujetos creativos atraviesan estados de melancolía, ansiedad, depresión, pueden atravesar fases de sequía psicológica. Pero estas ramificaciones científicas del *Problema XXX* serán exploradas siglos más adelante. Después de Aristóteles, la melancolía sufrirá transformaciones conceptuales, que llegarán a corroer su núcleo semántico y a limitar su utilidad clínica. Quizá por eso la enfermedad de la bilis negra dará a luz una nueva metáfora fisiológica: la depresión mayor. Pero antes de que esta transición lingüística tenga lugar, el poder simbólico de la melancolía, en tanto constructo médico y cultural, habrá de inscribir paisajes emocionales diversos en la historia de la literatura. En plena era moderna, Napoleón señala al cielo vespertino y escribe: "Desciendan al borde del mar; vean cómo el astro del día al declinar se precipita con majestad en el seno del infinito; la melancolía los dominará; se abandonarán a ella. No es posible resistir la melancolía de la naturaleza". A pesar de su arrogante visión política, la faceta literaria del militar revela la fuerza de atracción del astro oscuro.

De manera paulatina, mientras germina el constructo médico de la depresión mayor, la enfermedad de la bilis negra se transforma en una metáfora cultural. El poder de encantamiento de la poesía no es irrelevante durante este proceso. Las palabras de Gérard de Nerval, que anticipan un suicidio, dejan en nosotros una marca permanente:

"Mi única estrella ha muerto; —mi laúd constelado
también lleva el sol negro de la melancolía".[56]

EL CARNAVAL DE TODAS LAS FILOSOFÍAS

La historia clínica de Gérard de Nerval lleva a sus extremos la tesis de Aristóteles. La historia de este poeta, viajero, novelista y ancestro del surrealismo (según el juicio de Bretón) es un documento clínico en cualquier sentido de la palabra.

Gérard de Nerval es un nombre ficticio. Al nacer (en 1808), su nombre era Gérard Labrunie. Su madre murió de meningitis cuando él tenía dos años. El desencanto hacia la figura de su padre, un médico del ejército, motivó a Gérard para decir que era el hijo de José Bonaparte. Después se nombró Gérard de Nerval, inspirado en Nerva, el emperador romano.[57]

A los treinta y tres años, tuvo un sentimiento místico: el gozo de una revelación mesiánica. Se dedicó a cantar por las calles con un ánimo exaltado. Arrojó sus ropas y se mantuvo inmóvil esperando a que el alma saliera de su cuerpo mediante la atracción magnética de una estrella. Así ocurrió —en Montmartre— su primera hospitalización psiquiátrica. Recibió el diagnóstico de "manía aguda", y escribió los poemas visionarios conocidos como *Las quimeras*.

Las cartas de Nerval sobre la experiencia hospitalaria revelan el conflicto discutido por Michel Foucault, cuando dice que "el lenguaje de la psiquiatría ha sido un monólogo de la razón acerca de la locura". En la superficie, Nerval aceptó el internamiento y describió al hospital como "una villa aristocrática de buen gusto". Pero la reclusión tuvo un significado más profundo. En la carta a un pintor lo plantea con elocuencia:

> Imagina mi sorpresa al despertar de un sueño de varias semanas tan extraño como inesperado. Enloquecí, por cierto, si uno puede usar el lamentable término 'locura' para designar mi condición, dado que mi memoria permaneció intacta, y dado que no perdí el poder de la razón ni por un momento... para mí sólo fue una transfiguración de mis pensamientos habituales, un sueño despierto, una serie grotesca o sublime de ilusiones con muchos encantos... nadie podrá convencerme de que lo que ocurrió no fue una inspiración o un presagio... lo que ocurrió en mi cabeza fue un carnaval de todas las filosofías y de todos los dioses... pensé que yo era Dios...

La experiencia fue captada en *Aurelia*, una novela autobiográfica.[58] Mediante la creación literaria, Nerval quiso transcribir el estado de conciencia superior al que se accede mediante la locura. Pero los "locos", insiste, jamás podrán explicar a los "sanos" la naturaleza de su ceguera cotidiana. Durante el episodio de locura, Nerval sentía que era capaz de entender la razón oculta de los otros locos, los "compañeros de su infortunio". El sueño de la inspiración le permitía acceder a una suerte de eternidad, como lo expresa en las páginas de *Aurelia*: "Somos inmortales y conservamos aquí las imágenes del mundo que hemos habitado. ¡Qué felicidad pensar que todo lo que hemos amado existirá siempre a nuestro alrededor!". En otro momento de la obra, entiende el lenguaje de los animales y cuestiona la naturaleza del tiempo: "El pájaro me hablaba de personas de mi familia vivas o muertas en diferentes tiempos, como si existieran simultáneamente".

No es irrelevante mencionar, en el contexto de esta *Biografía de la melancolía*, que los motivos subterráneos de la novela autobiográfica están vinculados con los mitos fundacionales del canon melancólico. El primer tema de *Aurelia* es la búsqueda de lo Eterno Femenino, ese principio espiritual que fue exiliado de las religiones patriarcales de Grecia, del mundo judeocristiano y de la tradición islámica. El segundo tema es el descenso de Orfeo al inframundo. Ya mencioné que Orfeo fue uno de los viajeros a bordo del *Argos* que partieron a Cólquide, en busca del vellocino dorado. Pero debí incluir en mi relato el encuentro de los argonautas con las sirenas: sólo la música de Orfeo salvó a los marineros de caer en el hechizo, porque superaba en belleza al canto de las sirenas. Esa belleza musical también conmovió al rey Hades del inframundo, cuando el poeta bajó en busca de su amada muerta, Eurídice. Al igual que Orfeo, Gérard de Nerval sabía conmover a la gente con el antiguo arte verbal de donde surgen el canto y la poesía, y a su manera también bajó al inframundo.

Tras la hospitalización, Gérard viajó a Oriente y tuvo otros episodios que requirieron atención psiquiátrica. El 24 de agosto de 1853, en un café de París, empezó a arrojar el dinero al aire y golpeó a un extraño en el rostro. Creía estar rodeado por un ejército fantasma, y al llover, pensó que era el segundo diluvio universal. Durante la hospitalización, dijo tener poderes divinos. Imponía sus manos en los otros enfermos para curarlos.[59]

Gérard salió del hospital tras ocho meses de internamiento. Fue atendido por Émile Blanche, hijo de Esprit Blanche, su primer médico. Al parecer, las variaciones anímicas continuaron, de la euforia a los estados melancólicos; fue hospitalizado una vez más, pero pidió a otros escritores que solicitaran su egreso. El joven doctor Blanche lo dio de alta, y Nerval pasó sus últimos meses vagando por las calles de París, hasta que se ahorcó en la calle de Vieille-Lanterne, con el manuscrito de *Aurelia* en su bolsillo.[60]

Quizá la historia de Gérard de Nerval tiene semejanzas ocultas con la tragedia mitológica que lo inspiraba. Su héroe, Orfeo, salvó a los argonautas de caer en el hechizo de las sirenas, mediante el truco artístico de la música, y al final logró conmover incluso al dios Hades. El dios y rey del Inframundo permitió al músico poeta regresar con su amada al reino de los vivos en la superficie terrestre, con una condición: Orfeo debía caminar delante de ella y no podía mirar atrás hasta salir del inframundo.

Orfeo fue siempre fiel al principio de lo Eterno Femenino, en su forma de diosa blanca, incluso cuando el poder político estaba en manos de Zeus y sus sacerdotes. Fue valiente y firme ante las presiones patriarcales. Pero le faltó un instante de fe cuando miró hacia atrás, en la salida del inframundo. Eurídice aún tenía un pie adentro, y según el mandato de Hades, se desvaneció en el aire para siempre. La derrota de Orfeo es, en alguna medida, la desilusión de todos aquéllos que hemos puesto una mirada de esperanza en los poderes de la blanca diosa lunar. Y su tristeza es la nuestra: un sol negro de radiaciones melancólicas.

Y así aparece una rama colateral de este libro. Si el lector siente, como yo, la curiosidad por saber qué ha sucedido con el planteamiento del *Problema XXX* sobre la melancolía y sus entrecruzamientos con la creación literaria, puede leer el ensayo titulado "El precio a pagar por tener lenguaje", que lo llevará a su vez a los problemas explorados en dos escritos: "Veinte balas" y "Experiencia literaria y dolor social". Pero si el lector prefiere seguir adelante por el camino central de este libro, el ensayo titulado "Delirios melancólicos" está en la siguiente página y da seguimiento a esta trama histórica, médica y literaria.

Delirios melancólicos

*Más que simple enfermedad, el trastorno mental es
un desgarro del ser por donde se filtra una luz que
nos descubre dobles, obsesionados o extasiados; es una
puerta que se abre al misterio de nuestra naturaleza.*

FRANCISCO GONZÁLEZ-CRUSSÍ

LA IMAGINACIÓN DE MARÍA

Camino a través de un Palacio Negro ubicado en el Centro Histórico de la Ciudad de México: es el Archivo General de la Nación. Se
trata de un edificio remodelado. El diseño original fue concebido para
albergar una prisión de dimensiones colosales. La cárcel de Lecumberri
fue uno de los proyectos megalomaníacos de Porfirio Díaz, justo antes
de que su dictadura fuera derrocada por la Revolución mexicana. Aquí
pueden consultarse los expedientes de los individuos diagnosticados
por la Inquisición española como portadores de melancolía.

Mi padre estuvo recluido en este espacio, cuando era una prisión, aunque no fue por hereje o melancólico, sino por desobediente.
Junto a otros escritores, intelectuales y algún médico rebelde, pasó
una temporada en la cárcel cuando el Partido Revolucionario Insti-
tucional decidió ejercer la represión carcelaria como una medida de
control social, frente a las tendencias revolucionarias o contracultu-
rales representadas por el comunismo, el movimiento estudiantil, las
corrientes psicodélicas. Pero mi visita al Archivo no pretende darle

37

prestigio a mi sentido de marginación transgeneracional. Desde hace más de veinte años atiendo casos de "depresión melancólica" en un hospital de neurología. Ahora consulto casos procesados por la Inquisición española por acusaciones de herejía. Me permiten investigar las pautas de este problema a través de la historia.

Las personas con padecimientos mentales graves son incapaces de repetir los dogmas religiosos, porque comunican sin remedio sus propias experiencias alucinatorias, delirantes y estados emocionales exaltados o devastadores. Estos discursos aparecen como graves transgresiones frente al canon religioso, porque no son formateados por una ideología impuesta desde las estructuras del poder: surgen de procesos mentales divergentes y no son fotocopias del dogma. En cada época, las personas con padecimientos mentales son temidas, mitificadas y casi siempre sujetas al estigma y la discriminación. En su libro *Psiquiatría e Inquisición*, Ernestina Jiménez Olivares relata que la Santa Inquisición hunde sus raíces en el siglo XII, durante la lucha de la Iglesia Católica contra los cátaros. A principios del siglo XIII, se formó una orden de predicadores especializada en la persecución de herejes.[1] Se formaron tribunales en varios países, y esto se extendió a los dominios españoles en América. Justo allí, en la encrucijada entre locura y herejía, surgieron algunos de los primeros relatos sobre la manía y la melancolía documentados durante la era colonial española.[2]

Los casos psiquiátricos procesados por la Inquisición en la Nueva España corresponden casi siempre a hombres; hay pocas mujeres. La mitad son clérigos; hay un par de artesanos, un cirujano, un mercader y un fiscal. De los que no eran religiosos, la mayoría eran casados.[3] La mayoría son de ascendencia española, peninsulares.

Es interesante observar que en el pensamiento mesoamericano —en la medicina náhuatl prehispánica— no existían conceptos equivalentes a la manía o la melancolía, aunque existían otras ideas relevantes para una teoría cultural de la psiquiatría. Es el caso de la condición llamada (en náhuatl) *temauhtiliztli*: en español se le llama el "mal del susto" y todavía es parte de la cultura popular latinoamericana. El síndrome incluye desgano, fatiga, pérdida del sueño y un malestar emocional impreciso, con altos niveles de temor. La doctrina dice que cuando viene el susto, el *tonalli* sale abruptamente del cuerpo.[4] Pero ¿qué es el *tonalli*? Es la fuerza o resplandor que viene al cuerpo desde el cielo durante la concepción de un ser vivo. Cuando el *tonalli* sale del cuerpo, el individuo permanece inconsciente. Quienes sufren esta condición pueden volverse "locos" o pueden morir si el *tonalli* no regresa a su cuerpo.[5] Esto sucede, según la tradición náhuatl, tras la observación de actos violentos, el ataque de animales salvajes o como una consecuencia del encuentro con las *cihuateteo*: espíritus de mujeres muertas durante su primer parto, quienes vagan por la tierra en el ocaso y enferman a niños pequeños; en tales casos es común la presencia de fiebre y convulsiones.[6]

Hoy en día, en el Archivo General de la Nación de México es posible consultar casos de personas encerradas por acusaciones de herejía, y evaluadas por médicos, abogados y sacerdotes, quienes diagnosticaron los primeros casos documentados de manía o melancolía en la Nueva España.[7] A veces son personas que se acusan a sí mismas de haber cometido herejías. Pienso en el caso de José María Muñoz de Michelena, quien se presenta ante el Santo Oficio en 1693, para declarar que "en una ocasión escupió, apedreó, y dio con una navaja a un santo Cristo, alabando a los judíos porque lo habían crucificado, y a los ingleses, porque no adoraban al Sagrado Viático, y que también había dudado del juicio final".[8] Este hombre español, soltero, de treinta y cuatro años, fue declarado loco, "fatuo", y absuelto con penitencias espirituales y medicinales.[9]

Desde la Ciudad de México, la Santa Inquisición ejerció su autoridad sobre la Nueva España, la Nueva Galicia, Guatemala y Manila.[10] En efecto, Centroamérica y las Filipinas fueron territorios vigilados desde México. Esta disposición transoceánica genera relatos como el de Mateo Cipriano. En la Ciudad de Macao, Cipriano afirmó que era un santo: había muerto y resucitado durante el viaje de Barcelona a Filipinas, y había recibido una orden celestial de predicar en Japón. Quien se oponga a este designio, dijo, será castigado. La Iglesia Católica no estaba interesada en capitalizar la convicción mística de un jesuita dispuesto a predicar en Japón. Era una misión contraproducente en medio de los conflictos geopolíticos.[11] Leo las desventuras de Mateo Cipriano en el libro *Psiquiatría e Inquisición*, de Ernestina Jiménez Olivares.[12] Fue mi maestra en la Universidad Nacional Autónoma de México. Una anciana astuta, con un sentido del humor malicioso. Dedicó su vida profesional a la historia de la psiquiatría y a la práctica clínica en el Hospital Fray Bernardino de Álvarez. Aunque su libro es rigurosamente inconseguible, encontré un ejemplar en una tienda de libros usados. El libro está dedicado por la autora a una persona que lo vendió por una cantidad insignificante. Agradezco el desdén de ese desconocido. Es la explicación de mi buena fortuna.

La historia de Mateo Cipriano sucede en una suerte de globalización generada por la ansiedad imperialista: su caso inicia en Barcelona, termina en Filipinas; él se dispone a conquistar espiritualmente Japón, y su expediente es evaluado en México. Según su relato, cuando estaba muerto el alma salió del cuerpo y fue presentada ante la Santísima Trinidad; vio que otras cinco almas llegaban y eran condenadas al Infierno, pero se le encomendó regresar a la tierra para participar en la conquista de Oriente. Para demostrar su veracidad, ofrecía una prueba: cuando su alma regresó a la Tierra, su cuerpo estaba palpitante, aunque estuvo muerto durante un tiempo indefinido.

El Santo Oficio prohibió a Mateo Cipriano hablar de sus milagros y decidió trasladarlo a Goa, en la India. De acuerdo con un testigo, nunca llegó a ese destino y anduvo en las "tierras de infieles" de Bengala. Finalmente regresó a Manila.[13] Según el expediente contenido en el Archivo General de la Nación, Ramo de la Inquisición, volumen 419, Mateo Cipriano no fue absuelto ni condenado, pero su caso muestra que algunos contenidos temáticos del delirio y la alucinación se adaptan a las contingencias culturales.

En las colonias españolas de América evangelizadas por la Iglesia Católica, el tema religioso llegó a dominar el discurso de los sujetos diagnosticados por la Inquisición como portadores de manía o melancolía. Esto ha sido interpretado por algunos teóricos como una evidencia de la sociogénesis de la locura, mientras que German Berrios, profesor emérito de epistemología de la psiquiatría, en Cambridge, hace un planteamiento radical en otro sentido: dice que el contenido informativo del delirio revelaría fragmentos semánticos atrapados al azar, en el momento de la cristalización del síntoma. "Esto se hace evidente por la redundancia de ciertos temas —que cambian históricamente— y que son fragmentos semánticos que por su pregnancia personal o social tienen una alta frecuencia y posibilidad de ser atrapados".[14] En todo caso, las personas con una condición psiquiátrica contradicen los cánones teológicos, morales, estéticos y cualquier forma de ortodoxia religiosa. Es lo que nos muestra el caso de sor María de la Natividad. Su relato aparece en el libro *Territorios de la otredad y el terror*, de Roger Bartra.

Sor María de la Natividad, procesada a finales del siglo XVI, vivía en un convento, y su historia de vida no tenía una marca excepcional.[15, 16] Un día, la superiora del convento le dio una orden. Sor Natividad se mostró muy disgustada, y dijo en voz baja: "Mayores son mis pecados que la misericordia de Dios". La frase puso a la superiora en estado de alerta: podría interpretarse como una herejía. Si Dios es omnipotente, ningún pecado puede estar encima de su misericordia. La autoacusación era irracional y surgía en medio de una actitud retadora.

Lo que sabemos sobre su padecimiento es lo que la monja confesó frente al arzobispo del nuevo reino de Granada: que el demonio "le trajo a la imaginación" que María, la madre de Jesucristo, "no era virgen ni había sido virgen", y que "Cristo no estaba en la hostia consagrada y que se dejaría quemar viva antes de creerlo". El demonio le había ordenado que pisara las cruces que veía en el suelo, las que aparecen cuando dos palillos o las pajas en el piso toman esa forma casualmente. Le indicó que azotara una pequeña imagen de Cristo y escupiera sobre ella, lo cual hizo, y le ordenó ahorcarse, enterrarse un cuchillo en el corazón, cortarse los dedos y la lengua.

De acuerdo con un testigo, sor Natividad había intentado ahorcarse, y según la abadesa del convento, a la monja le gustaba mucho la soledad, a veces andaba muy contenta, y en otros momentos "se avergonzaba y se aislaba". Otra monja declaró que sor Natividad "estaba tocada de melancolía": a veces estaba feliz y a veces abatida. Varias monjas insistieron en que "le daba mal del corazón". La Inquisición la llevó a las cárceles secretas en 1602. El fiscal pidió que se le declarara "hereje, apóstata, hechora, perpetradora y culpada en los delitos de que se le acusa", y que fuera torturada hasta admitir su culpa. Pero sor Natividad confesó con lágrimas de arrepentimiento antes de la tortura. Pidió a Dios que cayera un rayo y la partiera, pues merecía "mil infiernos". De manera imprevista, la Inquisición decidió absolverla y reintegrarla a su convento. La historia habría terminado allí, pero un tiempo después, cuando ya tenía cincuenta años, la monja se presentó otra vez ante los inquisidores y se acusó de lo mismo.[17, 18]

¿Padecía sor Natividad un problema melancólico? Es imposible dar una respuesta clara a esa pregunta. Al margen de la exactitud diagnóstica, la Inquisición y el convento requerían un nombre para el padecimiento. Si la herejía era el producto de acciones deliberadas, la monja debía recibir un castigo. Pero fue perdonada. El rótulo "melancolía", usado por algunos testigos, pudo influir en la manera como los jueces interpretaron los datos conductuales de la monja. Las poderosas reminiscencias culturales del constructo médico facilitaron una mediación en la zona de conflicto.

En sus *Territorios de la otredad y el terror*, Roger Bartra presenta a la melancolía como un patrón cultural que revela formas de comunicación irreductibles al ideal moderno de la racionalidad.[19] Este ideal toma formatos legales, éticos, tecnocientíficos y democráticos, capaces de fundar pactos sociales. Estos contratos colectivos acerca de la buena conducta, la salud mental y la normalidad pueden entrar en estado de crisis durante algunas transformaciones históricas imprevisibles. Los patrones psicológicos divergentes de la manía, la melancolía y otras condiciones neuropsiquiátricas también provocan crisis recidivantes en el ideal moderno de la racionalidad. Estos patrones divergentes o atípicos cuestionan la lógica del tejido social y lo ponen en estado de emergencia; la incertidumbre obliga a los clínicos, y a quienes fungen como organizadores de la red simbólica, a colocar una etiqueta lexical: nombrar el patrón anómalo es un artificio para recuperar la racionalidad. Esto no significa en automático que la etiqueta sea correcta.

Desde el ángulo clínico, el diagnóstico de sor Natividad refleja las transformaciones semánticas del concepto, ya que el caso no guarda un gran parecido con las descripciones de Hipócrates, de Areteo de Capadocia o con las descripciones ulteriores de los neuropsiquiatras europeos. La melancolía, durante la Edad Media, el Renacimiento y hasta el siglo xvIII, era una categoría muy amplia, con límites imprecisos, usada en pacientes con unos pocos delirios, y sin fiebre.[20] Como lo ha enfatizado el doctor German Berrios, el componente afectivo (la tristeza profunda) no se consideraba esencial para el diagnóstico, y esa fue una de las razones para el surgimiento de otros términos clínicos: la lipemanía, en la primera mitad del siglo xx, y la depresión, que aparece desde 1860 en los diccionarios médicos.[21]

En el libro *Psiquiatría e Inquisición: procesos a enfermos mentales*,[22] de Ernestina Jiménez Olivares, la psiquiatría aparece como una disciplina racional y humana frente a la crueldad extravagante de la Inquisición. La mirada de Bartra, por el contrario, se detiene en la articulación entre la cultura y la enfermedad. En esa bisagra encuentra una amplia variedad de fenómenos sociales. Su estudio *Doce casos de melancolía en la Nueva España* es "un pequeño álbum que reúne imágenes que parten de la religiosidad barroca y la mística popular, pasan por las tentaciones sexuales reprimidas y los desgarramientos de la vida matrimonial, siguen en las insurrecciones indígenas y los herejes rebeldes, arrojan luz sobre el despotismo borbónico y las prácticas médicas, para terminar con los destellos ilustrados que anuncian la lucha por la independencia".[23] Todos esos temas aparecen durante una lectura atenta de los casos de melancolía procesados por la Inquisición; al margen de la cuestión médica, los relatos muestran el contexto social problemático en el que emergen los problemas psiquiátricos. Bartra estudia los conceptos mitológicos y las metáforas culturales usados por la cultura occidental para realizar mediaciones en sus zonas de conflicto. La identificación de Occidente con la moral cristiana, la racionalidad legal y la ciencia, y en los últimos siglos, con ideales laicos y democráticos, ocurre en paralelo a la gestación

de patrones simbólicos que capturan las alteridades del canon civilizatorio. La melancolía es uno de esos arreglos.

ESCENAS DE UN MUNDO HOSPITALARIO

En *Cultura y melancolía*, Roger Bartra afirma que la metáfora médica
de la melancolía fue indispensable para comunicar entre sí a todos
aquellos que vivían "las consecuencias trágicas de la soledad, la in-
comunicación y la angustia, ocasionadas por la siempre renovada di-
versificación de las experiencias humanas".[24]

El mito de la bilis negra reaparece, con todo su poder metafórico, durante épocas de cambio, cuando se derrumban los valores
tradicionales y las convenciones históricas.[25] Asistimos a una era de
incoherencia geopolítica, en donde reconocemos la crisis civilizatoria
occidental, el auge del capitalismo de Estado chino, las convulsiones
religiosas y militares del Oriente Medio, las migraciones globales bajo
un clima xenofóbico y, en fin, la violencia social en América Latina
y África. En nuestros días, la pandemia por coronavirus se une a la
historia de las epidemias que han transformado a las civilizaciones
humanas. El efecto del virus sobre el sistema nervioso nos recuerda
la dimensión corporal de eso que llamamos, a la manera de un atajo,
"salud mental". Las repercusiones emocionales del aislamiento, las
pérdidas humanas, la imposibilidad para transitar por el duelo mediante los rituales previstos por la cultura, las pérdidas económicas y
de libertades: todo ello nos muestra que los padecimientos afectivos
emergentes tienen un origen múltiple.

Escribo todo esto en mayo del 2020, en el Instituto de Neurología. Estoy aquí a tiempo para la entrega de guardia en el Servicio
de Urgencias. Me pongo la pijama quirúrgica, la mascarilla N95 y
unas gafas de protección para uso clínico: fueron donaciones de una
alumna. Casi todo el personal de salud consigue por medios propios el
equipo de protección personal necesario para enfrentar la pandemia.
La bata es indispensable, por sus bolsas amplias y numerosas: guardo
mi teléfono celular, una libreta clínica, un par de mascarillas, un

frasco de alcohol en gel para lavarme las manos con pasión obsesiva y un pequeño libro de George Steiner: *Diez razones para la tristeza del pensamiento*. Steiner piensa que la conciencia humana está impregnada de melancolía, en forma inevitable, como lo planteó sor Juana Inés de la Cruz en *Primero Sueño*: el fracaso al querer buscar un conocimiento de la totalidad nos sumerge en la inmanencia melancólica. En mi caso, la inmanencia toma la forma de esta escena hospitalaria. No había hecho guardias en Urgencias desde que era médico residente, hace veinte años, pero la pandemia nos alcanzó.

Hoy, el hospital trabaja con la mitad de sus trabajadores: los adultos mayores y quienes tenían condiciones de riesgo fueron enviados a casa. Muchos profesionales se han infectado y están hospitalizados, o aislados en casa, en su consultorio, en algún hotel. Otros han muerto. Si te quedas a trabajar, debes rehacer tus rutinas médicas y adaptarte a un guion que nadie escribió. Estamos obligados a hacer el máximo esfuerzo para atender la pandemia mientras nos cuidamos para evitar contagiarnos. Quienes estamos a cargo de hijos que no han llegado a la independencia, hacemos trucos mentales para no caer en la tristeza del pensamiento. ¿Por eso traigo en la bolsa el libro de Steiner?

Maru es la médica residente de neurología a cargo de la guardia. Nos relata que en la noche llegó una paciente con dificultad respiratoria y tuvo que ingresar al área covid, como le llamamos en forma sintética. Adentro hace calor y es fácil deshidratarse. Quitarse el equipo de protección para tomar agua es complicado y hacerlo te expone al contagio.

—Cuando llegué a la guardia, el paciente cayó en paro cardiorrespiratorio casi de inmediato —nos comenta Maru en el pasillo.

Algunas personas se sienten incomunicadas y padecen una asfixia metafórica por el desgaste físico y emocional generado en el transcurso de las horas; la angustia se intensifica para quienes deben cumplir la doble jornada de ser médicas, enfermeras, madres y maestras en casa. Por supuesto, la angustia del personal de salud no se compara con la de los enfermos; algunas familias hallan consuelo al saber que sus pacientes fueron sedados antes de morir y así aliviaron la asfixia literal de la enfermedad. Un amigo me cuenta que en su hospital ya no tienen los medicamentos para sedar y relajar a los enfermos durante la intubación. Gracias al Cielo, yo estoy en Urgencias. Es la antesala del área covid.

Pasan las horas y estoy en consulta con un hombre de setenta años traído por la familia, desde el estado de Guerrero. Su esposa murió hace poco. Su problema es calificado inicialmente como un estado de duelo. Al visitarlo, el hijo del paciente lo encontró desnudo, en la sala de la casa, sin conciencia del tiempo, con un discurso incomprensible y conducta errática. Durante el examen clínico, observo un deterioro profundo en sus procesos cognitivos: la atención, la memoria, el pensamiento. Al explorar los reflejos, aparece el reflejo de Babinski en ambos pies: un signo con ciento veinte años de antigüedad. Es útil para identificar problemas clínicos de origen neurológico. Y en efecto, el estudio de tomografía muestra un enorme sangrado adentro del cráneo, que comprime los hemisferios cerebrales y pone en riesgo la vida. Fue presentado como un caso de duelo, pero quedará en manos del servicio de neurocirugía. Ahora sabemos que este virus provoca hemorragias cerebrales.[26]

Camino por un pasillo para comentar el caso con Juan Calleja, quien aceptó fungir como Jefe de Urgencias, aunque estaba consciente de que entramos al momento más tenso de la crisis sanitaria. Voy sumido en mis pensamientos, pero escucho una voz: "¡Doctor Ramírez!". Miro a mi izquierda y encuentro una gran pantalla digital, que transmite la imagen azul del director médico, Adolfo Leyva, quien se encuentra adentro del área covid. Trae puesto su equipo de protección y por un momento me cuesta trabajo reconocerlo detrás del overol, las gafas, la mascarilla. Si lo saludo con naturalidad es porque reconozco la voz, pero tardo unos momentos en comprender lo que está pasando.

La pantalla es una ventana que nos da acceso, en tiempo real, al interior de esa cámara que nadie quiere conocer en vivo. Este dispositivo tecnológico es de gran valor para comunicar el adentro con el afuera. En todo el mundo los enfermos y sus seres queridos se lamentan por la separación abrupta que implica el internamiento en áreas covid. Ahora mismo, Adolfo atiende a un paciente con insuficiencia respiratoria aguda. Es necesario intubarlo.

Me detengo a imaginar la escena como si pudiera observarla en tercera persona: como si yo fuera un personaje que conversa con otro médico a través de una pantalla: mi personaje tiene una pijama quirúrgica, una bata y el libro sobre la tristeza del pensamiento… al otro lado hay que portar un uniforme para hacer la inmersión en el paisaje viral. Hace treinta años, cuando empecé la carrera de medicina, el filósofo Paul Virilio hablaba sobre el fenómeno de la *transapariencia*: esta virtualidad en tiempo real que nos enlaza con realidades distantes y a la vez hace evidente nuestra separación. La *transapariencia* nos permite ver mundos paralelos de alto riesgo, pero nos mantiene en un sitio seguro. La pantalla es como un espejo mágico, una barrera entre el observador y la realidad desnuda. Paul Virilio hablaba sobre esto al final del siglo xx. En aquel tiempo, esta escena pandémica, viral, tecnológica, con su escenografía y sus vestuarios propios de *2001*, de Stanley Kubrick, era una imagen de la ciencia ficción. Cada vez se acorta más la distancia entre el observador y lo observado: el territorio asfixiante al otro lado de la pantalla está más cerca, día tras día. Sólo nos queda como recurso el construir, de este lado del espejo, las escenas protectoras necesarias para recibir a la otredad que nos perturba, que se aproxima. ¿Cómo construir esos espacios protectores? La forma más antigua es la hospitalidad.

LA ETERNIDAD DE ABAJO

En *La melancolía moderna* (otro libro tan pequeño que cabe en el bolsillo de mi bata médica) Roger Bartra estudia la relación entre el canon melancólico y los lenguajes artísticos. Según su tesis, las artes plásticas dan visibilidad a la soledad de fondo de las sociedades que han surgido a partir del renacimiento: las pinturas de Durero, Goya, Artemisia Gentileschi, Munch, Giorgio de Chirico, Edward Hopper son examinadas bajo una iluminación tenue y cuidadosa. Estos autores hacen visible el flujo de emociones subterráneas que conectan a la soledad individual con la historia colectiva de los últimos siglos.[27] La melancolía atraviesa la historia de las sociedades, y el concepto nos permite establecer nexos entre individuos distantes en el tiempo y en el espacio; opera como un código oculto bajo nuestra conciencia artística. Su paradoja radica en que nos hace anhelar la fraternidad y mirar con esperanza, en tiempos de crisis cultural, hacia una vieja conexión entre los lenguajes creativos y el misterio de la separación.

La pintura de Durero *Melancolía I* presenta un ángel en estado de abatimiento. La obra es memorable por su capacidad para transmitir el pensamiento melancólico renacentista mediante imágenes. Pero la invoco porque me ayuda a establecer un puente con la pieza literaria más ambiciosa escrita en la Nueva España: *Primero Sueño*, de sor Juana Inés de la Cruz.

El poema de la monja apareció casi dos siglos después del grabado de Durero, durante el ocaso del siglo XVII. La figura de sor Juana es un entrecruzamiento de los senderos transitados en esta *Biografía de la melancolía*. Su poema *Primero sueño* contiene preocupaciones fisiológicas sobre la naturaleza del dormir, el soñar y la vigilia, pero también sobre los límites epistemológicos de nuestra búsqueda del conocimiento. En el ensayo *Sor Juana Inés de la Cruz o las trampas de la fe*, Octavio Paz propone un nexo conceptual entre *Primero Sueño* y *Melancolía I*, de Durero. Según el poeta, la conexión se da porque ambas obras abordan "la contemplación de la naturaleza y la desazón del espíritu —angustia, zozobra, decaimiento, rebeldía— al no poder transformar esa contemplación en forma o idea".[28]

Hace muchos años, cuando la Vía Láctea se veía en el cielo, leí con mi padre una novela titulada *Hacedor de estrellas*, del pensador inglés Olaf Stapledon. En esta novela inusual, que funciona como una parábola filosófica, el autor realiza un viaje espiritual a través del plano cosmológico de la existencia, para atestiguar el fin de la especie humana y el surgimiento de otras inteligencias extraterrestres menos ofuscadas por la violencia autodestructiva. El autor contempla el surgimiento de una conciencia cósmica que está muy cerca de obtener una visión omnisciente, pero nunca lo logra. Al terminar de leer la obra, escuché a mi padre hablar por primera vez sobre el poema de sor Juana.

—*Hacedor de estrellas* es como *Primero sueño* —me dijo aquella vez—. Las dos obras narran la búsqueda espiritual y cósmica de la totalidad.

Por supuesto, yo sabía entonces quién era sor Juana, porque dos o tres veces al año recorríamos unos kilómetros desde nuestra casa hasta el hogar de la monja novohispana: era un pequeño museo localizado en el pueblo de Nepantla, en las faldas del volcán Popocatépetl. Mi padre, que no era feminista ni decía serlo, mostraba una admiración enorme hacia los famosos versos de la monja: "Hombres necios que acusáis a la mujer sin razón, sin ver que sois la ocasión de lo mismo que culpáis". Era como si la eficacia poética de sor Juana llenara de convicción feminista a mi padre y lo impulsara a despotricar en contra del sexismo de México y del mundo entero. Los poderes intelectuales y retóricos de sor Juana eran evidentes. Por esa razón, cuando mi padre mencionó a la monja como precursora del viaje cósmico narrado en *Hacedor de estrellas*, quedé aún más asombrado. ¿Quién era esta mujer, capaz de sacudir la conciencia política de mi familia y al mismo tiempo de emprender un viaje a través de la Vía Láctea? La descuidada arquitectura colonial de su museo, en los confines húmedos y fríos del volcán, no parecía el escenario para gestar una conciencia política y cósmica. Desde entonces leo y releo *Primero sueño*, en busca de las respuestas que no encontró mi padre, ni Olaf Stapledon, y al parecer tampoco descifró la monja.

Sor Juana observa las semejanzas entre las creaciones materiales de la humanidad y sus edificios cognitivos: las pirámides de Egipto y la Torre de Babel tienen a sus ojos la misma ambición y vanidad que los sistemas filosóficos, y encuentran la misma limitante: son trabajos efímeros del alma durante la búsqueda de una esencia eterna. La tradición alquímica que buscaba la armonía entre el microcosmos del ser humano y el macrocosmos del universo es reelaborada por sor Juana, con ironía y melancolía.

Que como sube en piramidal punta
al cielo la ambiciosa llama ardiente,
así la humana mente
su figura trasunta,

y a la Causa Primera siempre aspira,
céntrico punto donde recta tira
la línea, si ya no circunferencia
que contiene infinita toda esencia.

Sor Juana nos comparte su búsqueda de una esencia primordial que sería la Causa Primera del universo, del orden natural de las cosas y de la mente humana. Pero esta búsqueda de un saber absoluto se ve frustrada; de allí surge el sentimiento melancólico identificado por Octavio Paz. La resignación frente a la imposibilidad del saber total coloca a la monja en el terreno de la inmanencia. Su viaje onírico no es una fuga a la fantasía ni un delirio metafísico: se trata de una reflexión que desarrolla, en términos literarios, lo que la neuropsicología contemporánea conoce como metaconciencia.

Sor Juana es consciente de sus límites epistemológicos, sabe que su visión intelectual es finita y no puede contener al infinito. El conocimiento de sus fronteras intelectuales señala la diferencia entre el sueño literario de sor Juana y el delirio místico. La monja ensaya formas racionales a lo largo del poema y encuentra una razón melancólica. El efecto adverso de la sensatez es la pérdida del infinito, que la aleja incluso de lo divino. Pero encuentra la metaconciencia. Los sujetos procesados por la Inquisición —sor María de la Natividad, Mateo Cipriano y muchos otros— se ven arrastrados hacia encrucijadas espirituales, como sor Juana, pero no disponen de recursos para negociar con los sistemas sociales, porque son incapaces de poner orden y límite a las poderosas corrientes del pensamiento divergente. No admiten límites epistemológicos y a su vez son declarados locos, fatuos, por la Inquisición española.

A pesar de su admirable rebeldía intelectual, sor Juana es capaz de negociar con los cánones culturales de su tiempo: los transforma con imaginación y sentido de la ironía, sin el desbordamiento autodestructivo de los sujetos delirantes procesados por la Inquisición. *Primero sueño* lleva al lector a una exaltación iluminada, pero a través de la crítica nos ofrece la posibilidad de realizar un ajuste de cuentas maduro entre la imaginación literaria y la dureza de lo real.

La búsqueda de conocimiento en sor Juana a través de la poesía es la rara oportunidad para reunir, en un mismo camino, el espíritu artístico y el rigor filosófico. Ignoro si *Primero sueño* llevó a la monja a un reencuentro con la vitalidad. Pero es mi deber, como lector, hacerle llegar una pequeña nota de agradecimiento. Porque el conocimiento (dirá María Zambrano tres siglos después de sor Juana) "no es una ocupación de la mente, sino un ejercicio que transforma el alma entera, que afecta a la vida en su totalidad. El amor al saber determina una manera de morir. Porque es, ante todo, una manera de morir, de ir hacia la muerte. Estar maduro para la muerte es el estado propio del filósofo".[29] Filosofar, ha dicho Montaigne, es prepararse para morir. La preparación es el reconocimiento de nuestra finitud, que plantea la urgencia por reencontrar las fuentes de la vitalidad. La creación poética de sor Juana se rebela contra lo que acepta: en palabras de María Zambrano, la poesía es la conciencia fiel de las contradicciones humanas.

La imaginación de sor Juana, con sus altos niveles de ironía y metaficción, revela diferencias entre la locura artística de la literatura y la pérdida del juicio en pacientes melancólicos: en el primer caso, hay una búsqueda estética y un monitoreo consciente del proceso creativo, de sus productos y errores. No sucede así en el contexto clínico, donde los pacientes con delirios melancólicos permanecen ciegos al error,[30] no logran distinguir los errores de los aciertos en sus procesos de razonamiento. Las fallas metacognitivas incapacitan al sujeto para reconocer los profundos sesgos en su proceso intelectual y contribuyen a la formación de ideas delirantes de culpa y ruina. Esta mañana un paciente nos suplica que lo hospitalicemos para matarlo: sólo así podrá pagar por sus pecados, nos dice. Asegura que llevó a la ruina a su familia, pero la esposa y los hijos opinan lo contrario: dicen que él fue un buen padre y les dio prosperidad. En su *Tratado de psiquiatría*, el médico alemán Emil Kraepelin reporta el caso de pacientes culpígenos que sobrevaloran eventos triviales acontecidos muchos años atrás. En la atmósfera lúgubre, hipermnésica de los estados depresivos, los recuerdos parecen monstruosos, descomunales. Un hombre de cincuenta y nueve años dijo que de niño "había robado manzanas y nueces". Otros pacientes refieren que despacharon con malos modales a algún mendigo, o haberle quitado la nata a la leche.[31]

En la melancolía *gravis*, el discurso es ocupado por delirios nihilistas:

> El enfermo ya no tiene nombre ni hogar, no ha nacido, ha dejado de pertenecer al mundo, ya no es un ser humano. No puede vivir ni morir; es tan viejo como la tierra. Aunque le peguen un hachazo en la cabeza, no pueden matarlo. "Ya no se me puede enterrar", decía una paciente, "si me peso en la balanza, el resultado es ¡cero!". El mundo ha llegado a su fin; no hay ferrocarriles, ni ciudades, ni dinero, y no quedan camas, ni médicos; el mar se está vaciando. Todas las personas están muertas, quemadas, o han perecido por hambre, pues no queda nada para comer. El paciente es el único ser de carne y hueso, y está solo en el mundo.[32]

Los delirios nihilistas capturados por Kraepelin y otros psicopatólogos muestran el desgaste de las capacidades intelectuales que sobreviene cuando la melancolía alcanza las notas más profundas. Sin el tratamiento adecuado o tras la pérdida de los autocuidados elementales puede sobrevenir la muerte por suicidio. Pero el discurso nihilista de los enfermos puede ejercer una fascinación sobre la conciencia artística, quizá porque revela sentimientos universales de condenación, ubicados en los márgenes de la vivencia humana. Así vienen a la memoria las palabras de la poeta argentina Alejandra Pizarnik: "Maniquí desnudo entre escombros. Incendiaron la vidriera, te abandonaron en posición de ángel petrificado. No invento: esto que digo es una imitación de la naturaleza, una naturaleza muerta. Hablo de mí, naturalmente". El poema, publicado en forma póstuma tras el suicidio de Pizarnik, comparte una experiencia común en los casos graves de depresión melancólica: la sensación de estar desamparado en medio del desastre, inmóvil, como si las capacidades para huir y defendernos nos hubieran abandonado. En el entorno clínico, podemos ver casos graves de depresión que transitan por estados de catatonia, marcados por la inmovilidad y el mutismo.

En el ensayo *Caer del tiempo*, Emil Cioran narra estados subjetivos semejantes a los delirios melancólicos: se refiere a una condición en la que se ha detenido cualquier experiencia de la temporalidad. Si antes Cioran lloraba por la caída mitológica de la humanidad desde una "eternidad de arriba", hacia la dimensión del tiempo, aquí expone los detalles de una segunda caída, desde el tiempo y hacia una "eternidad de abajo" donde no hay devenir.[33] El infierno, escribe Cioran, "es ese presente que no se mueve, esa tensión en la monotonía, esa eternidad vuelta al revés y que no se abre hacia nada, ni siquiera hacia la muerte; mientras que el tiempo, que fluía, que se desovillaba, ofrecía al menos el consuelo de una espera, aunque fuera fúnebre. Pero ¿qué esperar aquí, en el límite inferior de la caída donde ya no es posible caer más, donde incluso falta la esperanza de otro abismo?".[34]

Sin el ánimo de caer en un reduccionismo médico, leo el abatimiento de Cioran y recuerdo las palabras del doctor Juan C. Betta, quien describe fenómenos como el retardo en la percepción que "se observa en los casos en que se produce una disminución del ritmo psíquico, como ocurre por lo general en la depresión psicomotriz". El ensayo de Cioran me recuerda también la descripción clásica de los delirios melancólicos. En 1880, Jules Cotard escribía: "En los condenados, la obra de destrucción se ha completado; los órganos ya no existen, el cuerpo entero queda reducido a una apariencia, un simulacro". Aparecen delirios metafísicos; algunos pacientes dicen que no morirán porque su cuerpo no se encuentra en las condiciones ordinarias de organización y porque si hubieran podido morir ya estarían muertos desde hace tiempo; se encuentran en un estado que no es la vida ni la muerte; son muertos vivientes. Y en seguida, el doctor Cotard hace una observación penetrante: "La idea de inmortalidad en estos enfermos, por muy paradójico que parezca, no es ni más ni menos que una idea hipocondriaca; es un delirio penoso relativo al organismo; se lamentan de su inmortalidad y suplican que se los libere de ella".[35]

¿Cuál es la distancia entre el discurso de Cioran y los delirios nihilistas? A lo largo de su obra ensayística, el escritor rumano habló de la tentación suicida, la desolación, el insomnio. Aunque sus

53

escritos son creaciones artísticas concebidas con la malicia literaria de un experto, las emociones de fondo en sus ensayos tienen un parentesco con los delirios melancólicos capturados por la tradición clínica del siglo XIX.

Mediante la literatura, la música, las artes visuales o multisensoriales, el autor melancólico comunica los juegos emocionales y narrativos que concibe en momentos de soledad y, posiblemente, de añoranza por la presencia de los demás. Al hilvanar creaciones artísticas, ayuda a sus semejantes a enlazarse en las redes la intercomprensión. Incluso un pensador misántropo como Cioran ha sido capaz de crear una comunidad de lectores que comparten la experiencia de una inmersión estética. El poder terapéutico de la lectura radica en la posibilidad de conectarse con un juego de subjetividades, donde tenemos acceso a la fantasía, los recuerdos y las meditaciones de quien se atreve a comunicarlo: alguien que moviliza nuestro deseo de contacto humano mediante la confianza. ¿Así ocurre la transmutación artística de la melancolía destructiva?

Hasta aquí llega el ensayo sobre "Los delirios melancólicos". Si el lector siente curiosidad por conocer los nexos ocultos entre la creación literaria y la psicopatología autodestructiva, le comparto tres elaboraciones complementarias de ese problema: el escrito titulado "El precio a pagar por tener lenguaje" narra la búsqueda científica de respuestas desde la ciencia psiquiátrica; en "Veinte balas" trato de explorar —mediante la literatura y las neurociencias clínicas— la relación entre un problema conocido como alexitimia y la formación de un lenguaje intersubjetivo a través de la creación literaria. Si el lector quiere, de una vez por todas, terminar la lectura de este libro, le propongo dos alternativas: en la siguiente página está el ensayo "Anamnesis creativa"; es el resultado de un esfuerzo por comprender las operaciones psicológicas de la creación literaria y su posible relación (o conflicto) con las ideas psicoanalíticas sobre lo inconsciente. La segunda opción está al final de este libro: es el ensayo titulado "La emergencia creativa". Me dejé llevar allí por el entusiasmo para elaborar una tesis acerca del proceso creativo a partir de la contemplación nocturna.

Anamnesis creativa: la transmutación
artística de la melancolía

"Nombrar el sufrimiento, exaltarlo, disecarlo en sus mínimos componentes es, sin duda, un medio de reabsorber el duelo, de complacerse en él a veces pero también de sobrepasarlo, de pasar a otro duelo menos tórrido".[1] Julia Kristeva plantea que el dolor de las pérdidas necesita, para transformarse, un trabajo de simbolización: la elaboración paulatina de un relato personal que analiza y sintetiza, que expresa y comunica el malestar puede traer algún alivio, algún consuelo. Decía que las artes indican "algunos procedimientos que eluden la complacencia y que, sin trastocar el duelo en manía, aseguran al artista y al conocedor un dominio sublimatorio sobre la Cosa perdida".[2] Cuando leo a Kristeva no puedo evitar hacerme algunas preguntas: ¿En verdad la simbolización artística puede traer algún alivio en el contexto del duelo, y quizá en el ámbito de la melancolía? Y si es así, ¿a qué se debe el efecto? La filósofa habla de manera explícita acerca del "dominio sublimatorio", pero ¿qué significa eso? La pregunta nos conduce a un concepto que la doctrina freudiana depositó en el océano de la cultura popular. Hoy en día se discute el lugar del psicoanálisis dentro del extenso mundo de las ciencias y las disciplinas humanísticas. ¿Cuál es la validez de las ideas psicoanalíticas en el estudio de los problemas clínicos y de su relación con los procesos creativos? Sin caer en un eclecticismo caótico y en la confusión epistémica, este ensayo busca la comprensión del proceso creativo mediante un rastreo de todas las fuentes culturales que pudieran darnos una pista, de la mitología a la neurociencia, a través de la ficción literaria y, en fin, mediante la inspección de esta idea psicoanalítica: el acto sublimatorio.

La sublimación no es sólo un juego de palabras para reunir, en una metáfora, la búsqueda estética de lo sublime y la transformación química de la materia. Se trata de una metáfora concebida por Sigmund Freud, quien tomó la palabra de las disciplinas químicas. En la esfera científica, la sublimación significa el paso de la materia de un estado sólido a uno gaseoso. En la analogía freudiana, la sublimación es un recurso psicológico que nos permite reconfigurar, mediante el trabajo cultural, los instintos sexuales que la sociedad considera inaceptables. Según Freud, el conflicto entre los deseos sexuales que emergen en el individuo y la presión social en contra de esos deseos genera estados de angustia; los sujetos resuelven la tensión psicológica mediante mecanismos de defensa, que pueden ser inmaduros, como la negación y la proyección, o maduros, como el sentido del humor y la sublimación. Así, esos instintos adquieren una forma simbólica acorde con las normas sociales.[3]

Cito las palabras de Freud en su célebre ensayo de 1917, *Duelo y melancolía*: "El enfermo nos describe a su yo como indigno, estéril y moralmente despreciable; se hace reproches, se denigra y espera repulsión y castigo. Se humilla ante todos los demás y conmisera a cada uno de sus familiares por tener lazos con una persona tan indigna". Estas observaciones clínicas me permiten hacer una pregunta: ¿hay un lugar para la sublimación en la terapéutica de los estados melancólicos? Según Heinz Hartmann, la sublimación puede transformar los instintos sexuales, pero también los instintos agresivos. Melanie Klein reformula la idea de esta manera: la sublimación es un trabajo reparatorio frente al daño provocado por los instintos destructivos.[4] La idea puede estudiarse en el contexto de los estados depresivos: a veces los pacientes expresan ira, pero suelen canalizar el odio hacia sí mismos, y a veces ponen en acción un amplio repertorio de conductas autodestructivas. Al observar la progresión conceptual en torno al acto sublimatorio, me gustaría transitar desde una tesis inicial centrada en los instintos sexuales, hacia una concepción que incluye a la destructividad como una tendencia psicológica que puede transformarse mediante el trabajo creativo.

Algunos colegas y críticos pueden objetar con toda razón que estos planteamientos son especulativos y carecen de soporte científico, experimental, pero la idea de la sublimación tiene valor, a mi juicio, como un artificio reflexivo y es una estación de tránsito en el recorrido de este ensayo. El planteamiento es el siguiente: en la clínica de la depresión —al atender personas con ese problema clínico— he observado que mis pacientes más graves manifiestan un desgaste progresivo del deseo vital, que puede llegar a su abolición, pero a veces expresan fantasías de reparación afectiva y reivindicación. Estas fantasías suelen mantenerse ocultas bajo el peso aplastante de la vergüenza, uno de los sentimientos que dominan la vida emocional en los estados depresivos. Algunos artistas visuales, músicos y escritores relatan que el impulso provocado por la ira acumulada es una herramienta para poner en marcha el proceso creativo. La creación no ocurre tan sólo como un juego formal del intelecto, sino que está impregnada de significados colectivos y personales: el trasfondo se ha construido lentamente mediante la acumulación paulatina de experiencias traumáticas, sentimientos de amenaza y desprotección, intuiciones y pensamientos acerca del contexto narrativo de las vivencias: todo ello se acumula a la manera de un humus subterráneo que opera por debajo de la conciencia. J. R. R. Tolkien decía que las ficciones literarias se formaban como semillas en la oscuridad, con el paso de los años, mediante la asimilación de historias olvidadas, emociones que no han entrado plenamente al circuito de la conceptualización, afectos mal explorados: todo aquello que fue significativo para la vida mental del creador, pero que no está disponible de manera inmediata durante la evocación voluntaria. En la metáfora botánica de Tolkien, las vivencias son como hojas que terminan un ciclo arbóreo y caen al suelo; allí se acumulan y descomponen, pero entran en una forma de vida subterránea: alimentan a los hongos, a los insectos, a los microorganismos y se integran a un subsuelo viviente capaz de gestar nuevos organismos. En el caso de la creación literaria se puede seguir jugando con la metáfora: el material melancólico de fantasías y vivencias forma una composta psicológica con niveles superiores expuestos a la luz de la conciencia y niveles inferiores que permanecen ocultos en los estratos privados y menos accesibles de la memoria.

Según el psicoanálisis freudiano, hay un estrato inconsciente de la psique que se alimenta de experiencias perturbadoras que violan las normas morales: por ejemplo, la norma que ordena la prohibición del incesto. La represión opera como un mecanismo de defensa psicológico que aplasta estas vivencias y las confina en un espacio virtual de la psique, inaccesible al esfuerzo de la evocación. Según Freud, lo inconsciente ejerce un efecto sobre nuestra conducta en forma involuntaria y se expresa de manera indirecta en los sueños, en la psicopatología de la vida cotidiana (los chistes, los actos fallidos, los *lapsus linguae*) y en la formación de los síntomas que aparecen en las neurosis. La sublimación artística aparece en esta concepción teórica como un mecanismo liberador, capaz de burlar el aparato de vigilancia psíquica de la represión, mediante la transformación simbólica de los materiales inconscientes.

Si realmente hay un estrato inconsciente en nuestra vida psicológica, ¿cómo podemos conocerlo? ¿cómo opera en nuestras vidas? Éstas fueron las preguntas nucleares en el nacimiento del psicoanálisis, hace un siglo. La doctrina freudiana que surgió a partir de estas preguntas se construyó mediante el estudio de casos clínicos con un método interpretativo y con el recurso de investigaciones culturales y una fuerte dosis de especulación. Durante la segunda mitad del siglo XX apareció un modelo alternativo de lo inconsciente a partir de los datos empíricos construidos por las neurociencias clínicas y cognitivas. Hoy en día podemos contrastar estas dos versiones de lo inconsciente: el modelo psicodinámico centrado en las motivaciones ocultas de la conducta y el modelo neurocientífico que investiga la dimensión inconsciente de los procesos cognitivos. En las etapas tempranas de esta historia surgieron debates legendarios de orden metafísico sobre la naturaleza de lo inconsciente, como el que sostuvieron Sigmund Freud y Carl Gustav Jung. Jung creía que los estratos más profundos de la psique no son el resultado de la experiencia reprimida: hay materiales que nunca fueron conscientes y no provienen del contacto con el mundo externo, pero que serían de valor para el arte terapéutico. Según el psiquiatra suizo, esos contenidos provienen del inconsciente colectivo, una región ancestral de la psique humana constituida por las fuerzas arquetípicas que constituyen la quintaesencia de nuestra humanidad: algo así como un olimpo griego, un festival oculto de esencias platónicas que se celebra en la habitación más privada de cada persona y se manifiesta mediante el arte, la mitología, los sueños, la experiencia mística y las psicosis.

La filosofía de Jung, plenamente espiritual, declara que el trabajo artístico es liberador porque accedemos a un conocimiento que trasciende la apariencia del mundo cotidiano, y nos permite simbolizar las intuiciones poéticas de lo eterno. Él mismo intentó usar las herramientas del arte para curarse y conocerse a sí mismo: diseñó una técnica a la que nombró "imaginación activa" (una mezcla idiosincrática de meditación, autohipnosis y fantasía creativa) durante una profunda crisis psicológica, en el contexto de la Primera Guerra Mundial. Y se dio a la tarea de representar con imágenes visuales las experiencias recogidas durante el trance de la imaginación activa: así formó el *Libro rojo*, un manuscrito secreto encuadernado en piel, escrito entre 1914 y 1930 (aunque permaneció inédito hasta el año 2009, medio siglo tras la muerte de Jung). La obra narra la transformación alquímica del autor mediante el contacto con dos personajes imaginarios, Elías y Salomé, que aparecían en la fantasía de Jung durante el trance. Según el psiquiatra, los mensajes de estas figuras interiores transmitían una sabiduría que no provenía de su educación intelectual: "Me llevaron al convencimiento de que hay en el alma otras cosas que no hago yo, sino que ocurren por sí mismas y tienen su propia vida".[5]

Al igual que Freud, Jung creía que los materiales simbólicos del arte, el sueño y la mitología eran una forma de intermediación entre la conciencia narrativa y la psique inconsciente, pero ambos diferían radicalmente en su posición hermenéutica. Siguiendo el esquema de Paul Ricoeur,[6] la actitud de Freud frente al símbolo era de sospecha, porque el sentido oculto, en su visión, está dado por un contenido sexual transgresor que es reprimido por el peso de una ley colectiva, internalizada por cada sujeto. Jung procedía mediante una hermenéutica de la fe: miraba al símbolo como si fuera una ventana a lo sagrado. Aunque los guiones conceptuales de Jung y Freud son muy distintos, ambos coinciden en que el autoconocimiento es problemático, porque revela aspectos de nuestra personalidad que quisiéramos mantener en secreto. Pero el proceso es necesario, según ambos, porque la ignorancia de sí aumenta la tensión psicológica del individuo y conduce al sufrimiento propio y ajeno.

El psiquiatra suizo fue un espiritualista flagrante en una era dominada por el materialismo tecnocientífico. Sin embargo, fue un místico heterodoxo. Elaboró su noción de la espiritualidad en otro texto secreto: *Los siete sermones para los muertos.* Allí expresó su devoción por un dios de la antigüedad (y también de Herman Hesse): Abraxas, que genera vida y muerte, mal y bien, verdad y mentira, oscuridad y luz. Esa dualidad puede revelarse en cada persona mediante el arquetipo de la sombra, que conduce al autodescubrimiento, mediante una senda simbólica y dolorosa. Sin embargo, el contacto con la sombra es el origen real de la psicoterapia jungiana, porque hace posible la integración de la personalidad.

La búsqueda de principios filosóficos más allá de las religiones monoteístas del Oriente Medio me trae a la memoria las ideas de Marija Gimbutas, que nos permiten imaginar una tercera versión de lo inconsciente: una versión antropológica y cultural. En *El lenguaje de la diosa*,[7] la arqueóloga puso de cabeza las nociones patriarcales de la civilización al buscar evidencias arqueológicas de culturas matriarcales en el sureste de Europa, unificadas por el culto a la diosa Madre, en un periodo remoto que habría terminado alrededor del año 3000 antes de la era cristiana. Entiendo que la realidad histórica precisa de estas tesis es motivo de debate entre los expertos. Gimbutas piensa que el motivo principal de esa religión antigua era "la celebración de la fuerza que fusiona lo masculino y lo femenino, que genera vida y acepta a la muerte como parte del ciclo de la existencia". La arqueóloga pensaba que necesitamos examinar la historia para reestablecer lo que hemos dejado fuera: la Tierra, el cuerpo, las mujeres y lo inconsciente. Gimbutas también cree que la recreación de la humanidad será posible si superamos los dualismos que mantienen las relaciones de poder, que empobrecen nuestra cultura y destruyen nuestra relación con la Madre Tierra.

¿Cuál es la posición de las ciencias contemporáneas con respecto a lo inconsciente? Disponemos de una tradición neurocientífica con al menos dos siglos de historia, con extensas ramificaciones que se extienden a las neurociencias clínicas, cognitivas, afectivas y sociales. ¿Hemos aprendido algo acerca de lo inconsciente o el tema ha sido anulado en el mapa científico?

Un momento decisivo en la investigación científica de lo inconsciente aparece en 1957, cuando la doctora Brenda Milner reportó el caso de H. M., un hombre sometido a una neurocirugía para tratar un problema de epilepsia especialmente grave, quien no mejoraba con medicamentos y ponía en riesgo su vida. La cirugía consistió en extirpar una estructura cerebral conocida como hipocampo, en ambos hemisferios. El paciente mejoró en cuanto a la epilepsia, pero la doctora Milner observó un cambio profundo en las capacidades intelectuales de H. M.: ya no era capaz de formar nuevos recuerdos. No sabía que había sido operado, no reconocía a ninguna de las personas que había conocido después de la cirugía y creía que se encontraba en una fecha anterior a la operación. A pesar de que su inteligencia era normal, H. M. padecía una forma grave de amnesia anterógrada. Brenda Milner observó que las fallas en la memoria tenían consecuencias importantes en la noción subjetiva del tiempo del paciente. El descubrimiento crucial para los fines de este ensayo sobrevino cuando la doctora investigó las capacidades gráficas, visuales y espaciales. Durante varios días, le pidió a H. M. que hiciera algunos trazos gráficos en una hoja de papel a partir de un modelo. La evidencia objetiva era clara: el desempeño de H. M. era mejor cada día y sin duda estaba teniendo un aprendizaje en sus capacidades motoras. Sin embargo, cada vez que el paciente enfrentaba la tarea, aseguraba que era la primera vez que la hacía. No recordaba de manera consciente que ya había realizado los dibujos muchas veces y también ignoraba que los hacía cada vez mejor.[8, 9] Esto parece trivial pero tuvo consecuencias enormes en la formación de una teoría científica de la memoria. El caso sugería que existían al menos dos formas de memoria. Una forma explícita, declarativa, consciente, anclada a la estructura cerebral del hipocampo y una forma implícita, que en este caso era una memoria de procedimientos motores. La investigación en las décadas siguientes mostró que realmente existían formas explícitas de memoria que requieren una operación consciente y formas implícitas que no requieren a la conciencia para ejercer sus efectos y que incluyen a la memoria motora de procedimientos, pero también al condicionamiento basado en castigos y recompensas, estudiado por las tradiciones conductistas.[10] Estos tipos de memoria, implícitos y explícitos, suelen operar en forma integrada y sinérgica en la experiencia cotidiana, pero pueden disociarse en las enfermedades neuropsiquiátricas, porque no tienen los mismos sustratos cerebrales.

Para exponer los problemas teóricos actuales de un acercamiento a lo inconsciente —y los dilemas prácticos— voy a relatar un caso clínico. Hace algunos años, cuando la violencia criminal alcanzaba niveles inusitados en América, atendí a un joven músico. Le llamo M. H. para proteger su confidencialidad y como un homenaje al trabajo de Brenda Milner. Mi paciente viajaba por el estado de Texas con su mejor amiga y de pronto ocurrió una balacera. Un sicario los confundió con narcotraficantes y mató a la amiga de M. H. El paciente miró todo antes de recibir un balazo en la frente. El proyectil salió del cráneo sin quitarle la vida.

Tras una cirugía cerebral y muchos días de hospitalización, M. H. recuperó el habla, el movimiento y casi todas sus funciones cerebrales, incluso la capacidad para formar nuevos recuerdos. Pero no podía recordar el ataque del sicario. Desde el comienzo de la recuperación preguntó por su amiga. Su padre no quiso atormentarlo y dijo que la fractura en el cráneo de M. H. había ocurrido en un accidente automovilístico y que su amiga estaba de viaje. Pensó que era mejor decirle la verdad después, ya que M. H. estaba en una condición de salud frágil y temía que pudiera lastimarse la cabeza: había tenido episodios de agitación durante el estado postoperatorio. Sin duda influyó el hecho de que la madre de M. H. había muerto el año previo.

El padre nunca se recuperó del duelo; no tenía la fortaleza para tomar decisiones difíciles.

M. H. comenzó a tener un miedo exacerbado a la violencia criminal, algo atípico en un joven que solía ser despreocupado. El padre observó que hablaba en forma reiterada sobre los sicarios, las matanzas, los desaparecidos, el narcotráfico. Si se le preguntaba por su propia lesión, M. H. relataba la falsa historia del accidente en automóvil. No recordaba su propio atentado. Al preguntarle por su obsesión reciente hacia la violencia, decía que era algo muy actual en los noticieros y en los periódicos. En justicia, los medios de comunicación no aumentaron su dosis de nota roja tras la cirugía de M. H. Pero él ponía más atención en esas cosas tras de la lesión.

M. H. decidió concentrarse en la música, pero siguió preguntando por su mejor amiga. Sentía una gran nostalgia por ella. Sufrió varias crisis de pánico y pesadillas en las cuales era amenazado por sicarios o lo asesinaban. En ocasiones, durante la vigilia, entraba a su cuarto y creía ver a un criminal que le apuntaba con una pistola. Era una vivencia aterrorizante, pero no encontraba una explicación. Otras veces pedía a su padre que revisara adentro de los armarios: temía que un sicario se hubiera metido a la casa para matarlo. En esas condiciones fue llevado al Instituto de Neurología.

Su rostro era luminoso. La sonrisa auténtica y su candidez me provocaron mucha simpatía, y ternura también. M. H. tenía planes muy definidos en el terreno de la música y la firme intención de cumplirlos cuanto antes. Actuaba como si no hubiera tenido una condición médica mayor. Pero me relató, decepcionado, sus experiencias de terror en el sueño y la vigilia, y la nostalgia por su mejor amiga. No sabía cómo explicarse el hecho de que su camarada lo dejara solo en estos momentos de necesidad. Y no tenía una explicación para su terror creciente a los sicarios del narcotráfico.

—¿Por qué crees que alguien trataría de matarte? —le pregunté.

—No tengo la menor idea, doctor. Pero cada vez hay más violencia.

Cuando miré sus estudios de neuroimagen, era evidente que tenía una fractura craneal y una enorme lesión en la corteza prefrontal.

Esa región del cerebro es necesaria para evocar de manera voluntaria las experiencias del pasado. ¿Quizá por eso era incapaz de recordar los eventos del día trágico y los días de viaje por el estado de Texas? De hecho, M. H. tenía algunos problemas para recuperar información que no estaba relacionada con su trauma: algunos conocimientos generales acumulados en el curso de los años y algunos eventos de su historia personal.

De manera paulatina, convencí al padre de que no debíamos posponer por más tiempo una conversación con M. H. para decirle la verdad. El padre temía una reacción catastrófica, pero accedió. En realidad, el joven se mostró aliviado al conocer la historia real. Su amiga no lo había abandonado. Las imágenes repetitivas de los sicarios no eran absurdas. En los días siguientes, no tuvo pesadillas o crisis de pánico y habló muy poco acerca de la violencia criminal. Se mostraba de buen ánimo y motivado para la música, aunque había momentos de tristeza recurrente por la muerte de su amiga. Hablamos mucho acerca de las vivencias compartidas con ella, y sobre el significado de esa pérdida. Esperé un tiempo para decidir si necesitaba medicación, pero el alivio fue sostenido y no hice prescripciones farmacológicas. Lo veo todavía, una vez al año, y siempre me transmite un poco de su alegría, aunque los dos estamos conscientes de la herida oculta. Quizá yo estoy más consciente que él de ese problema. Un pequeño rincón en las preocupaciones del clínico se mantiene a la expectativa siempre, para detectar signos incipientes de alguna recaída. Es el costo que debemos afrontar a cambio del privilegio del trabajo clínico.

¿Es posible postular una teoría de la mente inconsciente desde la perspectiva de las neurociencias? Quizá el mayor punto de encuentro entre las escuelas psicoanalíticas y las neurociencias contemporáneas radica en la noción de que una parte considerable de nuestro comportamiento está gobernado por procesos a los que no tenemos acceso mediante la experiencia consciente. Sin embargo, las ciencias neurales nos presentan una imagen de esos procesos diferente a la tesis postulada por el psicoanálisis. Quizá los estudios neurocientíficos se aproximan a otro teórico de la psicología, Jean Piaget, cuando dice que el concepto de lo inconsciente no queda restringido a la vida emocional. En el funcionamiento cognoscitivo, muchos procesos son inconscientes. Somos conscientes de los resultados, pero no del mecanismo. Cuando adquirimos conocimiento de nuestros procesos, empezamos por la periferia y luego avanzamos hacia el núcleo del mecanismo, pero nunca acabamos de llegar a él. El inconsciente emocional es un caso especial de lo inconsciente, en general.[11]

En el caso de M. H., hay un elemento cognitivo relevante para entender su problema: la lesión cerebral afectaba al lóbulo frontal, una región importante para la evocación consciente de los eventos autobiográficos. Esto lo ponía en desventaja, porque era dependiente de la información que los demás quisieran darle con respecto a su propia historia.

Los experimentos de neurociencia cognitiva confirman la idea de Piaget: la función intelectual depende de procesos que operan abajo de la experiencia fenoménica. Pero los estudios de neurociencia afectiva muestran que algunos mecanismos de la emoción también pueden operar bajo el umbral de la conciencia. Si los procesos emocionales acceden al espacio consciente, les llamamos sentimientos.[12] Si la reacción emocional es provocada por causas externas, disponibles al examen de los sentidos, podemos entender el origen de nuestro sentimiento, mediante el ejercicio reflexivo. Esto es importante cuando el estado sentimental es el sufrimiento, la aflicción. Nuestra aflicción suele originarse en el mundo externo: es una consecuencia de la violencia, la pobreza, el abandono, la discriminación, el maltrato, el abuso. Pero a veces ignoramos la causa del sufrimiento, porque se debe a procesos fisiológicos ocultos al examen de los sentidos, como la inflamación corporal o las concentraciones deficientes de sodio en la sangre. En estos casos, la reflexión no puede identificar el mecanismo, si no hay un examen bioquímico, médico. Sin embargo, la necesidad de darle sentido a nuestra experiencia puede llevarnos a elaborar un relato falso para explicar las causas de la vivencia sentimental. Otra vez, hay estudios clásicos en el campo de la neurociencia cognitiva que ponen este problema en la mesa de discusión.

Los estudios realizados en personas con "cerebro dividido" pueden ilustrar esta necesidad de buscar sentido aún sobre pistas falsas.

Durante la segunda mitad del siglo XX, se realizó en forma excepcional una cirugía para seccionar el cuerpo calloso que conecta los dos hemisferios cerebrales, de esta manera el hemisferio derecho y el izquierdo quedan separados. El propósito era aliviar a personas con formas intratables de epilepsia. La cirugía se conoce como callosotomía y logra impedir que las crisis epilépticas se propaguen por todo el cerebro y deterioren la salud y las capacidades cognitivas. Aunque la epilepsia mejora en términos generales tras la cirugía, se han observado efectos adversos inesperados, como la alexitimia, es decir, la dificultad para reconocer y nombrar estados emocionales.[13] Esto sugiere que hay una distancia física entre las regiones cerebrales que generan los patrones neurales característicos de una emoción y las zonas que conceptualizan y ponen en palabras esos estados. Mediante un método experimental, se puede proyectar información en una pantalla que es registrada nada más por el hemisferio derecho o por el izquierdo. Si un estímulo visual con poder emocional entra al hemisferio derecho de una persona con cerebro dividido, el organismo entero reacciona; el hemisferio izquierdo, que es dominante para la expresión del lenguaje, "no sabe lo que pasa", si se me permite la expresión (es que no tiene acceso al estímulo visual recibido por el otro hemisferio), pero percibe los cambios corporales y responde con una conducta que resulta interesante cuando estudiamos la creación literaria: inventa una historia falsa para explicar el impacto de la emoción.

En sus *Relatos desde los dos lados del cerebro*,[14] Michael Gazzaniga relata el caso de V. P., una mujer con epilepsia, quien fue evaluada tras la realización de la cirugía para seccionar el cuerpo calloso. Cuando el doctor Gazzaniga le mostró al hemisferio derecho de la paciente un video "espeluznante" de un incendio, en el cual se veía cómo empujaban a una persona al fuego, la paciente dijo que sólo veía "un destello blanco" en la pantalla, pero admitió que se sentía inquieta, asustada; "pienso que quizá es porque usted hace que me ponga nerviosa", le dijo al científico. En seguida miró a un asistente del estudio y agregó: "Yo sé que el doctor Gazzaniga me simpatiza, pero en este momento me da miedo".[15] El hemisferio izquierdo de la paciente, dueño del habla, no sabía la causa de su estado emocional, porque no tenía acceso a las imágenes proyectadas al hemisferio derecho; no sabía que el video del incendio la había alterado, pero buscó en su entorno inmediato alguna explicación plausible. ¡El culpable de su malestar era el doctor Gazzaniga! En algún sentido no se equivocaba porque de hecho el doctor era el responsable del experimento, pero seguramente habría llegado a una conclusión diferente sobre las fuentes de su malestar si hubiera sabido que el video de un incendio indujo el estado de temor. En términos más generales, el ejemplo sirve para postular que podemos inventar relatos para dar sentido a sentimientos perturbadores cuyas causas son desconocidas.

En otro contexto de interés para comprender el estrés postraumático encubierto de mi paciente M. H., las personas con formas graves de amnesia anterógrada no pueden formar nuevos recuerdos dispuestos para la evocación consciente, pero a pesar de eso forman aprendizajes emocionales en los cuales se generan cambios de conducta y modificaciones en la actividad del sistema nervioso autónomo. Esto se debe a que nuestro cerebro tiene un sistema para la memoria explícita, que permite la evocación voluntaria y consciente, pero también contiene estructuras que dan soporte a la memoria implícita, que no requiere una recuperación consciente para operar. De hecho, los datos almacenados en la memoria implícita pueden ser inaccesibles a la evocación y, sin embargo, operan en la conducta. Por ejemplo, una persona amnésica puede evitar la interacción con alguien que lo trató mal, aunque no sabe, no recuerda por qué evita al maltratador.[16] Lo interesante es que la conducta de evitación en un caso así es inteligente y puede prevenir un daño. Pero el mecanismo lógico en tal caso permanece oculto a la conciencia.

Para entender los alcances de la idea neurocientífica sobre una disociación entre la memoria implícita y la memoria explícita, hay que hablar del abuso sexual y otras formas de maltrato. Si el evento traumático ocurre cuando la memoria explícita no se ha desarrollado o es deficiente (por intoxicaciones o condiciones fisiológicas), el trauma podría mantenerse encubierto, sin acceso a la conciencia narrativa. Sin embargo, la memoria implícita generaría efectos en el comportamiento. En tales casos, puede aparecer un sufrimiento inexplicable para el sujeto, como si fuera absurdo, aunque en realidad no lo es. En el caso de M. H., la lesión del lóbulo frontal impide la evocación y esto reduce la eficiencia de la memoria explícita: los datos están almacenados, pero la recuperación consciente está gravemente afectada. Sin embargo, la memoria emocional parece haber registrado el impacto del evento traumático, a su manera, y genera estados de terror, así como pesadillas; también dispone al paciente a formar un discurso obsesivo centrado en la violencia, sin que el paciente sepa por qué lo hace. Hay un duelo imposible de resolver mientras no se ofrezcan las claves indispensables para simbolizar la pérdida. La lesión frontal reduce las posibilidades del paciente de acceder por sí mismo al recuerdo para organizarlo en la estructura narrativa. En este caso, es indispensable la participación de los demás para suplir la falla neuropsicológica: para hacer llegar al paciente la información necesaria y para acompañarlo durante la crisis.

Recupero la metáfora de Tolkien: el humus de la psique es una dimensión oculta de la memoria, pero puede ser transfigurada en la obra artística mediante la anamnesis. Uso esta palabra en el sentido aristotélico: se trata de la remembranza narrativa, estrictamente humana de nuestros recuerdos. Aristóteles creía que todos los animales son capaces de aprender mediante una forma de memoria a la que llamó *mneme*; pero sólo los seres humanos evocamos experiencias pasadas de manera consciente para pensar en torno al significado de los recuerdos y acerca de su lugar en la secuencia lógica de un relato. Aristóteles anticipó la clínica de la memoria al mencionar el caso de Antífano de Óreo, quien confundía sus imágenes mentales (*fantasmata*) con recuerdos verdaderos y pensaba que habían ocurrido realmente.[17] La capacidad para distinguir entre *fantasmata* y recuerdo es una virtud de la remembranza. En el entorno clínico, atendemos personas con lesiones cerebrales que padecen amnesia y fabulan recuerdos falsos durante una entrevista.[18] Se trata de un mecanismo emparentado con la creación literaria, aunque los pacientes amnésicos no tienen conciencia de la fabulación. Este nivel de autoconocimiento parece un atributo que marca la separación entre la imaginación artística y la psicopatología.

La diferencia más importante entre el inconsciente postulado por el psicoanálisis y la memoria implícita descrita por las neurociencias consiste en que la memoria implícita no resulta de un proceso de represión y no se somete al ideal según el cual somos capaces de resolver nuestros conflictos internos si logramos hacer consciente lo inconsciente. ¿Cómo enfrentar, entonces, el dolor emocional de las heridas ocultas en nuestro cuerpo, en nuestra dimensión psicológica? La simbolización del sufrimiento es necesaria, aunque no sea un método directo para descubrir verdades literales. Creo que los juegos imaginativos, sensoriales y motores del arte, y sus verdades metafóricas, ayudan a aliviar el dolor social y las emociones aflictivas. A veces el auxilio es modesto, mínimo. A veces puede salvarle la vida a una persona, al darle sentido a su historia y un vehículo para la transformación psicológica.

Me interesa discutir un proceso al que llamo anamnesis creativa, porque es un ejercicio lúdico de evocación que sintetiza fantasías, hechos, recuerdos, deseos, hasta conformar un árbol inteligible de vivencias que no está formado por verdades literales (a la manera de la descripción científica), sino de imágenes en movimiento que transmiten una verdad metafórica. Según Julia Kristeva, el poder terapéutico de la creación literaria radica en tres recursos: la prosodia, es decir, la música del habla,

> ese lenguaje más allá del lenguaje que inserta en el signo el ritmo y las aliteraciones de los procesos semióticos. También mediante la polivalencia de signos y símbolos, que desestabiliza la nominación y, al acumular alrededor de un signo una pluralidad de connotaciones, le ofrece una oportunidad al sujeto de imaginar el sinsentido, o el verdadero sentido, de la Cosa. Finalmente, mediante la economía psíquica del perdón: identificación del locutor con un ideal acogedor y benéfico, capaz de suprimir la culpabilidad de la venganza o la humillación de la herida narcisista que subyace en la desesperación del deprimido.[19]

La literatura aparece como un juego donde la imaginación usa al lenguaje para desestabilizar los significados emocionales anclados al relato de sí: la reelaboración de la historia mediante la anamnesis creativa genera un reencuentro con la posibilidad de ser. No quiero decir con esto que la literatura no sea un asunto serio, capaz de ir más allá de una dimensión estrictamente lúdica. Pero creo que los alcances éticos, estéticos, políticos y terapéuticos del artefacto literario —que pueden tener una gran penetración crítica y persuasiva— dependen en alguna medida del juego creativo, porque el mecanismo lúdico sacude a las estructuras psicológicas, las hace menos rígidas: gestiona la flexibilidad cognitiva y, en ese sentido, favorece la transformación psicológica. El recurso del juego, inherente a la operación artística, podría contribuir también a la maduración del tímido deseo residual que yace al fondo del sujeto melancólico, hasta un punto en el cual la conciencia gesta el deseo de compartir, de comunicar, de abrirse a otra conciencia.

Mediante crueles experimentos, el psicólogo Martin Seligman demostró que, en el caso de los perros, el sometimiento físico y el daño aleatorio provocan un estado conocido como desamparo aprendido. En su protocolo experimental, el animal no sabe cuándo vendrá un castigo doloroso, no tiene manera de anticiparlo o prevenirlo. Esto produce un abatimiento de la iniciativa, de la autodeterminación, porque se aprende en lo más hondo del organismo que los esfuerzos para contrarrestar el daño son fútiles. Esto ha sido constatado en los seres humanos y en los mamíferos en general. La crudeza de estas investigaciones parece haber atormentado incluso al propio Martin Seligman, quien hizo un giro en su carrera hacia lo que él llama "la psicología positiva", que busca en forma desesperada las fuentes de la felicidad, pero que ha incurrido en toda clase de simplificaciones ideológicas. No deja de ser irónico que sus experimentos iniciales eran muy cuestionables éticamente, pero tenían una gran validez científica, mientras que la filosofía de la psicología positiva podría tener buenas intenciones, pero su simpleza la empuja al borde de la pseudociencia. En todo caso, se debe reconocer que Seligman aportó a la cultura científica un concepto incómodo pero necesario: el desamparo aprendido.

En contraposición, se ha planteado que el juego amplifica el sentido de agencia, de libertad personal.[20] Una filosofía determinista diría en este punto que el libre albedrío es ilusorio. Si bien los argumentos deterministas en contra de la libertad son dignos de la mayor atención, en mi faceta clínica tiendo a pensar que son acertijos científicos con poca importancia frente a la realidad médica: los pacientes que pierden el movimiento voluntario de las extremidades, como sucede en la hemiplejía tras una lesión cerebral, nos obligan a tomar en serio el problema de la voluntad. Si el libre albedrío parece ser tan sólo un concepto heredado de la filosofía y regurgitado por la cultura popular, las operaciones cognitivas y conductuales que designa son completamente relevantes en la práctica clínica y en la ecología cotidiana.

Es posible que el recurso del juego induzca una ampliación en el sentido de agencia, lo cual podría atenuar la sensación de sometimiento característica de la indefensión aprendida. ¿Quizá el sentido ilusorio de libertad provocado por el juego literario aumenta el margen de la fantasía y conduce al sujeto hacia un reencuentro con el gozo, aunque sea ficticio? ¿De allí surge "la felicidad de estar triste", como llamó Víctor Hugo a la experiencia artística de la melancolía? El milagro del arte, si se me perdona el entusiasmo, radica en que el juego ficticio y los trámites ilusorios de la creación generan, en algún momento del proceso, efectos reales en la persona creativa y en sus semejantes.

Si la escritura requiere ensimismamiento, tiene un lector hipotético: el juego literario implica un destinatario. Aunque sea una simulación, la escritura activa el deseo de conectar el mundo privado de la introspección, la memoria autobiográfica y la fantasía personal con la psique del otro. ¿Esto subvierte el proyecto de las emociones destructivas? ¿Así opera la transmutación artística de la melancolía destructiva? ¿Se trata de un poder terapéutico que moviliza nuestro deseo de contacto humano mediante la confianza y que radica en la posibilidad de conectarse con la fantasía, los recuerdos, la reflexión del otro?

Hasta aquí llega este pequeño boceto de imaginación crítica sobre la creación y la recreación literaria: me refiero a la formación de sentido a través de la comunicación íntima establecida mediante la escritura y su lectura. Me interesan, sobre todo, los actos literarios de una conciencia interpersonal donde confluyen, de alguna forma, las corrientes históricas del dolor social y la materialidad de nuestras vidas terrenales. Si el lector de este libro siente, como yo, que no entiende a ciencia cierta cómo se forman los estratos subterráneos de la escritura melancólica, quizá quiera acompañarme a través de tres ensayos alternativos para abordar el problema: "Veinte balas" (página 99) se detiene en una novela de Sandor Marai —acerca del divorcio— y luego medita sobre el suicidio del autor, a los ochenta y ocho años. La investigación neurocientífica del problema conduce a escenas médicas imprevistas por la ficción: un caso neurológico de asimbolia al dolor, y el caso psiquiátrico de una mujer "sin sentimientos". El escrito titulado "Experiencia literaria y dolor social" (página 111) busca la raíz transgeneracional de los estados depresivos y plantea la relación entre la deserción patriarcal y la evocación narrativa. Al final de este libro, "La emergencia creativa" (página 141) imagina los procesos creativos a partir de metáforas psicopatológicas: las viejas ideas del delirio vivo y del delirio inerte.

El precio a pagar por tener lenguaje

y si el tiempo impetuoso conmueve demasiado violen-
tamente mi cabeza, y la miseria y el desvarío de los
hombres estremecen mi alma mortal, ¡déjame recordar
el silencio en tus profundidades!

FRIEDRICH HÖLDERLIN

EL TRIÁNGULO DE LA INCOMPRENSIÓN

El relato inicia en 1934. Si afinamos la percepción histórica, podemos mirar el momento en que el psiquiatra Carl Gustav Jung recibe
la visita de la joven Lucía, en la Clínica Burghölzli de Zúrich. En
los años siguientes, ella provocará un incendio, dejará la llave del gas
abierta toda la noche y escapará de su familia para deambular por las
calles de Dublín durante seis días. No menciono la ciudad irlandesa
por casualidad: el padre de Lucía es el escritor James Joyce. Lucía re-
cibirá el diagnóstico de un trastorno conocido como esquizofrenia.

El triángulo formado por el padre, la hija y el médico suizo debe
narrarse como un desencuentro. Joyce ha puesto en manos de Jung la
salud de su hija, pero ambos han sostenido previamente un diálogo en
torno a la literatura y el pensamiento, a propósito de la novela *Ulises*, de
Joyce. En una nota crítica, Carl Jung considera que *Ulises* es producto
de una lucidez insoportable, pero le parece un trabajo helado y frustrante. El psiquiatra recuerda a un tío que le decía: "¿Sabes cómo tortura el diablo a las almas en el infierno? Las hace esperar". Jung compara

el método de tortura del diablo con la experiencia de lectura del *Ulises*: "Cada frase eleva una expectativa que no es satisfecha; finalmente, con resignación, no esperas nada más. Es un hecho que nada sucede y nada sale de ello, y sin embargo una expectativa secreta en conflicto con la resignación conduce al lector desde una página hacia la siguiente".

Jung y Joyce han sostenido un desencuentro en torno a dos asuntos que podrían tener una conexión oculta: la creatividad puesta al servicio de una obra literaria innovadora, por una parte, y el padecimiento de Lucía, quien experimenta estados de conciencia caóticos y fenómenos de desorganización conceptual. Al igual que el lenguaje creativo de James Joyce, la producción verbal en la esquizofrenia se aparta de las construcciones semánticas convencionales y entra en el capítulo psicológico del pensamiento divergente. La divergencia esquizofrénica y la divergencia creativa podrían tener semejanzas, pero también diferencias cualitativas significativas.

"El genio es la mayor maldición con la cual Dios puede bendecir a un hombre", ha dicho Fernando Pessoa.[1] ¿Existe un parentesco entre la creatividad literaria y la desorganización conceptual de los pacientes con diagnóstico de esquizofrenia? En el caso de la familia Joyce, la relación es obvia. Pero ¿esta situación se presenta más allá de la casualidad? Y en términos más amplios: ¿existe un parentesco entre la creatividad artística y la psicopatología? ¿Existe un nexo genético, neurofisiológico o cultural? Karl Jaspers, el influyente psiquiatra y filósofo de Heidelberg, escribió un libro clásico: *Genio artístico y locura,* donde presenta "patografías" que muestran la relación entre la "tipología esquizofrénica" y la indagación visionaria de cuatro "genios psicóticos": Strindberg, Van Gogh, Swedenborg y Hölderlin.[2] La tesis de Jaspers ha reforzado la visión popular que encuentra semejanzas entre el genio artístico y la locura. Ya habrá tiempo de analizar las investigaciones científicas en torno a este problema, protagonizadas por dos científicas: Nancy Andreasen y Kay Jamison. Las conclusiones de sus estudios no son tan parecidas a los puntos de partida convencionales, articulados por Jaspers y por el famoso *Problema XXX* atribuido casi siempre a Aristóteles. Pero es necesario detenernos por un momento para observar cómo surgió el nuevo paradigma de la medicina psiquiátrica, tan influyente en el mundo contemporáneo como lo fue la melancolía a lo largo de la historia europea. Me refiero al neologismo acuñado a principios del siglo xx: "esquizofrenia". ¿Cuál es la historia de esta palabra?

UNA MÁQUINA PARA EL CONTROL MENTAL

En 1810, el médico inglés John Haslam publicó el escrito titulado *Ilustraciones de la locura*,[3] en el cual describe el caso de James Tilly Matthews. En su momento, fue concebido como un caso crónico de insania, no exento de controversias. Es común leer que este caso representa "la primera descripción clínica de un caso de esquizofrenia". Sin embargo, el término "esquizofrenia" apareció un siglo después. ¿Cómo es la historia clínica de este caso paradigmático?

James Tilly Matthews era un vendedor de té, casado y con dos hijos. Fue prisionero del Estado francés en 1793, porque afirmaba la existencia de comunicaciones telepáticas entre Inglaterra y Francia. Escribió a los ministros británicos para decir que había conspiraciones contra Inglaterra. Según sus palabras, había una pandilla de villanos en Londres, con grandes habilidades en "Química Neumática", quienes lo asaltaban mediante una máquina para el control de la mente. La máquina habría sido construida por revolucionarios jacobinos franceses, para llevar a Inglaterra a un desastre bélico.[4] Esta pandilla de villanos era capaz de realizar actividades extraordinarias para controlar la mente de otras personas: podían "forzar el fluido magnético para que los músculos de la cara fueran obligados a reír o a realizar muecas,"[5] y lograban "hablar cerebralmente", lo cual no es lo mismo que hablar y escuchar como lo hacemos de manera ordinaria, sino que "parece ser un transporte silencioso de inteligencia hacia la atmósfera intelectual del cerebro".[6]

La historia de James Tilly Matthews es trágica. Generó disputas entre su familia y los representantes de la medicina y el Estado, y controversias al interior del grupo médico. Desde su admisión hasta el alta del hospital Bethlem, pasaron diecisiete años. Sus delirios y alucinaciones fueron crónicos. Murió un año después del egreso, en un asilo privado. Al margen de los debates sociológicos que deben hacerse (la familia quería que Matthews regresara a casa; el Estado y sus médicos estaban en desacuerdo), se usa este caso como el primer ejemplo confiable de esa condición que sería nombrada cien años después: la esquizofrenia. En mi opinión, es imposible hacer un dictamen psiquiátrico retrospectivo, sin un examen clínico directo y sin pruebas objetivas para hacer un diagnóstico diferencial. No se puede afirmar con certeza que la esquizofrenia sería el diagnóstico correcto de Matthews. Pero es cierto que el patrón caracterizado por delirios crónicos de persecución, experiencias de transmisión y control del pensamiento, y vivencias alucinatorias, guarda un parecido enorme con los criterios actuales de diagnóstico de la esquizofrenia, según la Organización Mundial de la Salud y la Asociación Psiquiátrica Americana.[7] No hay pruebas biológicas para demostrar la esquizofrenia en un paciente, como sucede con otras enfermedades (la infección por virus de la inmunodeficiencia humana, por mencionar un ejemplo). Si se trata de un constructo clínico, ¿cuáles son sus fundamentos científicos?

Entre 1868 y 1874, el psiquiatra alemán Karl Kahlbaum describió un síndrome relevante para esta historia: la catatonia. Se trata, dice Kahlbaum, de "un estado en el cual el paciente se sienta, tranquilamente o mudo por completo, inmóvil, sin que nada lo haga cambiar de posición, con el aspecto de estar absorto en la contemplación de un objeto, con los ojos fijos en un punto distante y sin ninguna volición aparente, sin ninguna reacción ante las impresiones sensoriales".[8] Kahlbaum pensaba que este cuadro provenía de estados de manía y melancolía, hasta llegar a la "melancolía atónita". Algunos pacientes marchaban al deterioro intelectual y otros tenían recuperaciones asombrosas. Aunque la psiquiatría terminaría por incluir la catatonia en el constructo de la esquizofrenia, Kahlbaum enfatizó la presencia de "convulsiones epileptiformes",[9] lo cual sugiere causas neurológicas en algunos de sus pacientes. Hoy sabemos que las encefalitis virales y autoinmunes provocan catatonia, crisis convulsivas y alteraciones neuropsiquiátricas en un amplio espectro que va de la confusión mental a la psicosis alucinatoria y delirante.[10, 11, 12]

Al clasificar las enfermedades mentales, Kahlbaum incluyó una entidad llamada "hebefrenia". Uno de sus alumnos, Ewald Hecker, describió siete casos de esta nueva entidad en 1871. En su monografía, Hecker incluía cartas escritas por los pacientes, lo cual permitiría hacer un análisis de las perturbaciones del pensamiento. Eran casos crónicos de adolescentes con deterioro intelectual y excentricidades en el discurso y la conducta, con tendencia a bromear y a reír sin un motivo comprensible para los demás.[13]

En 1899, Emil Kraepelin planteó la existencia de una entidad clínica que incluía la hebefrenia de Hecker, la catatonia de Kahlbaum y un tercer síndrome, la "demencia paranoide", caracterizado por alucinaciones y delirios. Según Kraepelin, los jóvenes con esos síndromes tenían un destino común: el deterioro irreversible de las funciones cognitivas. A esto le llamó *dementia praecox*.[14] El término *démence précoce* había sido usado en francés por Bénédict Morel en 1860, como una fórmula para describir los comportamientos de algunos pacientes; no era una entidad clínica formal como la *dementia praecox* de Kraepelin, quien admiraba la botánica y hacía una excursión a pie cada año, para observar plantas y clasificarlas. Su hermano Karl era especialista en la taxonomía de los arácnidos. Bajo esa influencia, Kraepelin usó el latín para nombrar la nueva entidad clínica, como si fuera un botánico.[15] Aunque las evidencias de Kraepelin para unificar la hebefrenia, la catatonia y la demencia paranoide eran insuficientes,[16] el concepto de la *dementia praecox* fue decisivo y dio lugar a la idea de que existían formas paranoides, catatónicas y hebefrénicas de una misma enfermedad. Pero una nueva reconceptualización estaba en puerta y sería aún más exitosa en términos culturales, porque el poder metafórico de un neologismo permitiría articular una convergencia de paradigmas nacientes.[17]

METÁFORAS PSICOPATOLÓGICAS

Mientras Emil Kraepelin establecía una síntesis psicopatológica (con validez científica o no), algo interesante sucedía en Viena: el doctor Sigmund Freud abandonaba sus investigaciones fisiológicas y el estudio de las afasias, y tras acudir a las lecciones de Charcot en París, redactaba los pilares del psicoanálisis mediante *La interpretación de los sueños*, la *Psicopatología de la vida cotidiana* y los *Tres ensayos de teoría sexual*. Al carecer de talento o convicción para usar la hipnosis como lo hacía el padre de la neurología europea (Jean-Martin Charcot), Freud desarrolló el método de asociación libre de ideas. En un entorno privado que reforzaría el sentido de intimidad, junto al doctor Freud, el paciente debería decir lo primero que viniera a su mente, sin ningún filtro moral, estético o lógico. En las condiciones adecuadas, la técnica funcionaría para tener acceso, a través del discurso, a una serie de pensamientos, recuerdos y fantasías capaces de revelar conflictos inconscientes.

Influido por Freud, Carl Gustav Jung desarrolló una prueba similar pero más estructurada desde el punto de vista científico, y le llamó "test de asociación de palabras": el médico presentaba listas de palabras y pedía al paciente que dijera la primera respuesta en venir a su mente. Jung evaluaba el contenido semántico de la respuesta, así como variables fisiológicas y tiempos de reacción.[18]

Eugen Bleuler fue el maestro de Jung en el hospital psiquiátrico de la Universidad de Zúrich. Ambos leían a Freud y fueron sus defensores en un clima académico hostil hacia el psicoanálisis.[19] Los estudios de Freud y Jung sobre la asociación de ideas y palabras fueron muy relevantes en la construcción de la esquizofrenia, que tomaba como base, en forma explícita, a la *dementia praecox* de Kraepelin.[20] En 1907 Bleuler acuñó el neologismo "esquizofrenia", que significa "división (o escisión) de la mente". Para justificar esta selección etimológica, escribió: "Le llamo esquizofrenia a la demencia precoz porque la escisión de las funciones psíquicas es una de sus más importantes características".[21] Bleuler aclaró que se refería a la grave alteración en los procesos asociativos: "En todas las formas esquizofrénicas, aun las más leves, encontramos un trastorno específico del pensamiento, caracterizado por una laxitud de las asociaciones normales".[22]

Junto a la asociación laxa de ideas, el doctor Bleuler afirmó la existencia de otros síntomas cardinales: "En la esfera afectiva, observamos en casos severos un problema que puede ser muy pronunciado:

durante años no se observa un solo signo de emoción".[23] Los clínicos hablamos en estos casos de "aplanamiento afectivo". A veces se deteriora incluso el instinto de autopreservación: "En caso de incendio, los pacientes permanecen inmóviles entre las flamas y dejarán que el fuego los queme si nadie va en su ayuda".[24] El maestro suizo describió un tercer signo cardinal: el autismo. A principios del siglo xx, esta palabra no hacía referencia a los problemas de comunicación verbal y reciprocidad social observados en niños, años después, por Leo Kanner y Hans Asperger. "Autismo" era nada más una fórmula verbal para indicar que la atención, la intencionalidad y la afectividad del paciente estaban volcados hacia sí mismo, hacia el mundo privado de las experiencias; el contacto con el mundo externo era inadecuado y deficiente.[25]

Bleuler creía que sólo hacía descripciones refinadas del constructo traído a la luz por Emil Kraepelin, *dementia praecox*, pero probablemente hizo algo diferente: sintetizó, en una metáfora psicopatológica, ideas que provenían de diferentes paradigmas. Se ha dicho que el maestro suizo parecía destinado a intervenir como mediador entre dos escuelas opuestas: la neuropsiquiatría de Kraepelin y la revolución psicoanalítica. La mediación, al margen de su validez científica, es elegante desde el punto de vista retórico y conceptual: la esquizofrenia combinaba alteraciones mentales derivadas de un desarreglo neuropatológico y a la vez fenómenos clínicos que tendrían una explicación psicoanalítica.

Según Bleuler, los síntomas cardinales (asociaciones laxas, aplanamiento afectivo, autismo) son el resultado de anormalidades anatomopatológicas bien definidas a nivel cerebral, que no se observan en otras psicosis.[26] Cuando el maestro suizo hizo esa afirmación no había evidencia suficiente para sustentarla. Cien años después, lo que llamamos "esquizofrenia" se asocia de manera consistente a deficiencias en el volumen cerebral, en regiones necesarias para la operación del lenguaje, la memoria y el procesamiento emocional.[27] Pero estas anormalidades no son específicas y carecen de valor diagnóstico: su presencia o ausencia no impide ni garantiza que una persona deba clasificarse como portadora de esquizofrenia.

Bleuler planteó la existencia de "síntomas secundarios" que surgían como reacciones psicológicas frente a la experiencia perturbadora de los síntomas cardinales, a la manera de los mecanismos psicológicos de defensa, descritos por el psicoanálisis. Afirmaba que los delirios y las alucinaciones eran reacciones inespecíficas frente a los síntomas cardinales. Su contenido estaba dado por los deseos y los temores del paciente, que podían estar reprimidos y ser inconscientes; el contenido (la temática) de los delirios y las alucinaciones estaría determinado por los mecanismos freudianos de simbolización: la expresión de los deseos sexuales sería indirecta, metafórica.[28] No faltó en la conceptualización de Bleuler el sexismo característico de su época: "En la mujer esquizofrénica no hay una sola idea delirante que no esté motivada esencialmente por la sexualidad".[29]

La metáfora de una división, separación, escisión, ruptura o fragmentación de la mente, era parte de la psicología romántica del siglo XIX, y se convirtió en parte de la cultura literaria, como puede verse en el relato de Stevenson (*El extraño caso del doctor Jekyll y el señor Hyde*). Esa metáfora, cuyos partidarios tomaban por una realidad, también penetró en los terrenos de la filosofía, el psicoanálisis y la cultura popular.[30] Esto explica en buena medida la aceptación casi inmediata del neologismo clínico; no era tan sólo un punto de convergencia entre la psiquiatría biológica y el psicoanálisis: también era una articulación entre la cultura académica y la cultura popular. Pero el éxito histórico del concepto no es una prueba de su validez científica. La validez sigue siendo un tema abierto a controversias dentro y fuera de la psiquiatría académica. A cien años de distancia, el término "esquizofrenia" está dentro de las clasificaciones psiquiátricas de la Organización Mundial de la Salud y la Asociación Psiquiátrica Americana, y los criterios de diagnóstico son una amalgama de las ideas de Kraepelin y Bleuler. Pero existe un fuerte estigma social asociado a la palabra "esquizofrenia", usada como insulto en los medios de comunicación. Aunque el concepto ha sido útil para generar investigaciones y tratamientos exitosos,[31] es innegable que designa una categoría imprecisa, en donde se aglutinan problemas muy diversos.[32] En parte, el problema deriva del poder metafórico del neologismo:

ha llevado a la falsa creencia de que entendemos la esencia de una enfermedad mental real; es más probable que la fusión académica de los constructos de Kraepelin y Bleuler nos permita agrupar pacientes con problemas semejantes, superficialmente, pero ese mismo efecto unificador nos ha impedido analizar la heterogeneidad clínica, social y biológica de los pacientes clasificados como portadores de esquizofrenia. En todo caso, las condiciones encubiertas o reveladas por el neologismo seguirán planteando enigmas localizados en el corazón de nuestra cultura.

EL PRECIO A PAGAR POR TENER LENGUAJE

Al comenzar el siglo XX, los conceptos psiquiátricos combinaban la tradición médica europea, con su fuerte acento anatomopatológico, con ideas y técnicas de la joven psicología científica. Las tradiciones filosóficas fueron otra influencia significativa. Karl Jaspers, médico y filósofo —en el sitio de unión de la fenomenología y el existencialismo—, formuló una ambiciosa *Psicopatología general*, pero abandonó muy joven la práctica clínica. Regresó por un momento a la teoría psiquiátrica en 1922, con el ensayo *Genio artístico y locura*, sobre la creatividad y la esquizofrenia. Un alumno suyo en la Universidad de Heidelberg, Kurt Schneider, continuó a las investigaciones de Kraepelin, Bleuler y Jaspers para contestar la pregunta: ¿cómo hacer un diagnóstico confiable de esquizofrenia?

En las vísperas de la Segunda Guerra Mundial, el doctor Schneider renunció al Instituto Psiquiátrico de Múnich, disgustado porque la filosofía eugenésica de los nazis dominaba el ambiente académico. Durante la guerra sirvió como médico militar. Al parecer lo hizo al margen de las prácticas genocidas. Por esa razón fue convocado en la posguerra para dirigir la escuela de medicina de la Universidad de Heidelberg, junto a algunos académicos que rechazaron el movimiento nazi. Se dedicó al estudio de la esquizofrenia: conceptualizaba este trastorno como el resultado de una triple escisión psicológica: en el proceso del pensamiento, en el desarrollo de la actividad voluntaria y en los procesos afectivos.[33] En un sujeto sin patología mental, estas dimensiones psicológicas serían los pilares de un sentido integrado de la mismidad. Por el contrario, las personas con diagnóstico de esquizofrenia sufrían la "xenopatía" descrita por los psiquiatras franceses del siglo XIX: vivir la actividad mental propia como si fuera ajena.[34]

Schneider pensó que la formulación diagnóstica de la esquizofrenia, según Bleuler, era imprecisa: se basaba en constructos demasiado abiertos a la interpretación. Planteó que algunos síntomas podrían tener un valor especial para el diagnóstico: en particular, los delirios de ser controlado por alguien más, los delirios de inserción y transmisión del pensamiento, así como las alucinaciones audioverbales: voces que hablan entre sí y comentan los actos del paciente.[35] Los mensajes transmitidos por las voces alucinatorias suelen ser desagradables y perturbadores: un paciente, por ejemplo, escuchaba voces de hombres y mujeres, que criticaban su técnica para orinar y se burlaban de sus órganos genitales. Cuando el paciente trataba de responderles, las voces desaparecían; algún tiempo después, reaparecían en forma de murmullos, pero hablaban de otros temas.[36] La cualidad hostil, devaluadora, de esos mensajes alucinatorios ha suscitado interpretaciones psicoanalíticas, que atribuyen la génesis del fenómeno a relaciones problemáticas con los padres y a estilos de comunicación violentos. Sin descartar la participación de la crianza en la formación de un contenido específico en esos mensajes, la investigación científica ha mostrado que las alucinaciones audioverbales se relacionan con una activación inusual de las redes cerebrales del lenguaje y la emoción.[37] Las voces parecen venir del exterior y los pacientes pueden sentir un auténtico terror hacia el mundo: afirman que las voces son reales.

Yo es otro, escribió Rimbaud, pero su juego literario toma una significación desafortunada en el territorio clínico. En 2009, la revista inglesa *Brain* —fundada por el padre de la neurología inglesa, Hughlings Jackson— publicó un estudio titulado *Reality of Auditory Verbal Hallucinations*.[38] Un grupo finlandés reclutó a personas con diagnóstico de esquizofrenia y les pidió que dieran un reporte de sus alucinaciones audioverbales: ¿qué tan reales parecían ser? Los investigadores usaron una tecnología conocida como resonancia magnética funcional y encontraron patrones anormales de actividad en el área de Broca, el territorio encargado de la expresión lingüística. Las alucinaciones audioverbales, según el estudio, se generan como palabras silenciosas en el lugar donde se forma el discurso en voz alta.[39] Pero el paciente piensa que las palabras no son suyas, sino de alguien más; siente que los mensajes vienen del exterior, producidos por una fuerza ajena. En la esquizofrenia hay anormalidades en la sustancia blanca que enlaza a las áreas cerebrales del lenguaje. La desconexión incapacita al paciente para discriminar entre una fuente interna y una fuente externa de información. Quizá esto le impide reconocer el pensamiento verbal como propio y quizá por eso lo califica como un discurso ajeno.[40]

La metáfora de una división o ruptura de la mente fue incorporada a la medicina psiquiátrica mediante el constructo de la esquizofrenia, y décadas después, seguía estimulando a la rama biológica de la psiquiatría.[41] En 1985 apareció el libro *The Broken Brain* ("El cerebro roto") que sintetizaba décadas de investigación. Nancy Andreasen, autora del libro, maestra de inglés y brillante neurocientífica, pensaba que el defecto primordial del pensamiento esquizofrénico es la dismetría cognitiva: la falta de coordinación entre las intenciones de la comunicación y la expresión verbal efectiva (entre lo que se quiere decir y lo que se dice).[42] El discurso resultante es difícil de comprender para los demás y a veces es francamente incoherente. Durante las entrevistas psiquiátricas, se pide a veces que el paciente interprete un texto metafórico, un proverbio o un refrán, por ejemplo: "perro que ladra, no muerde". Esto es útil para evaluar el pensamiento abstracto. Algunas personas dan una respuesta concreta: "Hay perros que ladran mucho, pero no atacan a las personas". Otras personas explican con un estilo más abstracto: "El refrán se refiere a personas que acostumbran hacer amenazas, pero no son capaces de hacer daño". Buscando en mi libreta clínica, encuentro este ejemplo, tomado de la entrevista clínica con una mujer que recibió el diagnóstico de esquizofrenia. "¿Qué significa: perro que ladra no muerde?", le pregunté.

—Pero sí muerden —respondió la paciente—. Me caí yo, estaba yo bañándome, vistiéndome, pantalón negro, diadema de bambú, bajé las escaleras. Pasó un temblor, pasó alguien, un alma penante; si no, me hago yo mis fomentos con agua hirviente. Había perros de raza laski; cambiaron de raza —la paciente siguió adelante, hablando con naturalidad—. Se dice que hay epidemia cuando en México y en Ámsterdam hay una persona que se cruza con un toro; es lo que hace mi hermana que es monja.

—Perdone, pero no entiendo. ¿Qué quiere decir con la palabra "epidemia"? —hice la pregunta porque quería saber cómo explicaba el uso de sus propias palabras—. ¿Qué significa la palabra "epidemia"?

—Eucaristía, cineasta, berenjena, exorcizó el papa, caminé de la cama al baño, vomitando, vomitando…

Como puede observarse, la respuesta es inesperada, no se adapta a ninguna convención semántica o a las formas de racionalidad social que usamos de manera cotidiana. Mediante tecnología de neuroimágenes, Nancy Andreasen descubrió que, en personas con diagnóstico de esquizofrenia, hay anormalidades en el sustrato cerebral de los procesos psicolingüísticos: problemas de conectividad en las redes neurales del hemisferio izquierdo. [43, 44]

Nancy Andreasen adoptó teorías de un investigador inglés, Timothy Crow, quien planteó el célebre aforismo según el cual "la esquizofrenia es el precio que la humanidad paga por tener lenguaje".[45] Según Crow, hay mecanismos genéticos que conducen a la especialización lingüística del hemisferio izquierdo y que dan soporte a la "gramática universal" que subyace a la relación entre pensamiento y lenguaje. La alteración biológica fundamental de la esquizofrenia sería, en su concepción, una falla en la lateralización hemisférica.[46, 47, 48] Los estudios contemporáneos en personas con diagnóstico de esquizofrenia han mostrado anormalidades en las estructuras neurolingüísticas: en la corteza frontal y temporal del hemisferio izquierdo.[49]

Al margen de la validez que tiene o no el concepto de una gramática universal, la idea de la esquizofrenia como el precio a pagar por tener lenguaje fue muy influyente en la investigación neurocientífica. Nancy Andreasen estudió casos célebres, como el de Albert Einstein y su hija, portadora de esquizofrenia, o el caso de James y Lucía Joyce, y planteó una posible relación genética entre las habilidades creativas dependientes de procesos lógico-secuenciales (como la literatura y las matemáticas) y la psicopatología esquizofrénica. De acuerdo con su hipótesis, la esquizofrenia podría aparecer como una forma frustrada o fallida de los procesos que, en su estado óptimo, hacen posible la creatividad.

DE LA GRATITUD HACIA LA PENICILINA

Nancy Andreasen era profesora de literatura del Renacimiento en la Universidad de Iowa. Durante el parto de su primera hija contrajo una infección ginecológica y recibió penicilina intravenosa durante cinco días. Es bien sabido que las infecciones después del parto fueron una de las principales causas de muerte prematura en mujeres antes de la era de los antibióticos. Agradecida con el fármaco, ingresó a la carrera de medicina. Se graduó en 1970. Luego completó la residencia en psiquiatría, a su juicio "la más creativa de las especialidades médicas" y la más cercana a la literatura. Ella conocía el ensayo del psiquiatra y filósofo Karl Jaspers, quien realizó "patografías" de genios como Hölderlin y Van Gogh. Jaspers los diagnosticó como casos de esquizofrenia, a pesar de no haberlos atendido en forma directa.[50]

Nancy Andreasen abordó la hipótesis de Karl Jaspers, pero cambió el enfoque: ella haría evaluaciones directas de escritores, con instrumentos válidos y confiables según los mejores estándares del momento, y también de sus familiares, ya que rastreaba una relación genética a partir de observaciones históricas, como los casos de las familias Joyce y Einstein, o los cuatro familiares del filósofo Bertrand Russell, uno de los cuales se suicidó quemándose a sí mismo. Podemos incluir en el recuento al hermano del músico David Bowie, quien vivió en un hospital psiquiátrico muchos años y falleció por suicidio. Oliver Sacks, neurólogo y escritor, narra algo similar en su autobiografía *El tío Tungsteno*: transmite el dolor de ver a su hermano Michael inmerso en el laberinto de la psicosis.

La doctora Andreasen estudió a quince escritores y quince sujetos de un grupo control. Encontró que 21% de los familiares de los escritores tenían algún diagnóstico psiquiátrico, en comparación con 4% de los familiares en el grupo control. El diagnóstico más frecuente era la depresión mayor. Las actividades creativas eran más frecuentes en los familiares de escritores (23%) en comparación con los familiares en el grupo control (7%). La mayoría de los escritores (73%) cumplían los criterios para un diagnóstico psiquiátrico (trastornos afectivos, casi siempre), en comparación con la minoría del grupo control (13%).[51] Los resultados animaron a la doctora a seguir investigando.

Aunque Nancy Andreasen buscaba una relación genética con la esquizofrenia, encontró más casos de depresión mayor y trastorno bipolar. Por esa razón, la investigación publicada al año siguiente incluyó a quince personas con diagnóstico de esquizofrenia, pero también a quince pacientes con trastorno bipolar, así como quince autores del programa de escritura creativa de Iowa, famoso por la asistencia de escritores como Kurt Vonnegut o Philip Roth.[52] Para analizar el discurso de los escritores y los pacientes, la doctora usó un método desarrollado por un pionero de la neuropsicología: Kurt Goldstein. Se trata del Test de Clasificación de Objetos de Goldstein-Scheerer:[53] se pide a los sujetos que agrupen objetos comunes de acuerdo con ciertas categorías (por ejemplo, "utensilios de cocina"). Los pacientes tienden a la sobreinclusión: incluyen objetos que no pertenecen a la categoría asignada y dan explicaciones forzadas para agruparlos de esa manera.[54] Nancy Andreasen pidió a los sujetos que explicaran por qué habían agrupado los objetos de tal o cual manera y sus respuestas fueron grabadas y transcritas. Se usó una escala con criterios bien definidos para calificar aspectos como la sobreinclusión, la riqueza de ideas o el pensamiento idiosincrático (ideas con un estilo tan personal que resultan de difícil comprensión para los demás, por ejemplo, una paciente cantó sus explicaciones y trató de comer los materiales de la prueba, aunque no eran comestibles, porque pensaba que necesitaba una buena nutrición). Los textos fueron calificados con la técnica del cegamiento para controlar el efecto del prejuicio, es decir, los evaluadores no sabían si calificaban a pacientes o a escritores.

Al final, los pacientes obtuvieron calificaciones más bajas de riqueza de ideas y más altas de pensamiento idiosincrático, en comparación con los escritores. Pero se observó que el estilo conceptual de los escritores se parecía al de los pacientes en etapa de manía, con respecto a una característica: la sobreinclusión. "Los escritores creativos se asemejan a los pacientes que sufren trastorno afectivo bipolar, en etapa de manía, en su estilo conceptual. Es decir, tienden a mostrar un pensamiento basado en la sobreinclusión. Tanto los escritores como los pacientes maniacos tienden a hacer grupos grandes de objetos, hacen cambios arbitrarios durante la clasificación o usan conceptos vagos como principios para la categorización".[55] Esto modificó la hipótesis de la investigadora, que se orientó a la posible relación (genética) entre la creatividad literaria y el trastorno bipolar.[56]

En 1987, la doctora Andreasen publicó una investigación más amplia con un diseño distinto: evaluó a treinta escritores y a treinta sujetos control. Al analizar los resultados, observó que los escritores tenían más trastornos afectivos, alcoholismo y suicidio. Dos escritores se suicidaron durante los quince años que duró el estudio. La doctora evaluó en forma directa a ciento dieciséis familiares de primer grado de los escritores y a ciento veintiún familiares de primer grado en el grupo control. Entre los familiares de los escritores había un porcentaje más alto de personas con alcoholismo, depresión mayor y trastorno bipolar, pero también más individuos dedicados a la creatividad artística y científica. No se encontraron casos de esquizofrenia en ninguno de los grupos.[57] Las evidencias indicaban una posible relación genética entre la creatividad y los trastornos afectivos. Ésa fue la pista que capturó otra investigadora, Kay Jamison.

EL MENDIGO ES EL VERDADERO REY

Kay Redfield Jamison es psicóloga, neurofisióloga y zoóloga. Escribió uno de los tratados más rigurosos acerca del trastorno bipolar,[58] el cual es un padecimiento a veces mitificado por la sociedad o visto como algo trivial. Durante las fases depresivas de este trastorno, que duran semanas o meses, hay un profundo sufrimiento, y la productividad en la escuela o el trabajo disminuye o se pierde por completo. El riesgo de suicidio es muy alto. En las etapas de manía, suele haber una intensa sensación de alegría o placer, y la actividad aumenta en términos generales, así como la velocidad del pensamiento. Pero el juicio puede tener fallas escandalosas y hay un riesgo significativo de accidentes, conducta violenta, comportamiento sexual irresponsable y también riesgos para la salud física.[59] En ambos estados hay graves alteraciones del sueño. La doctora Jamison ha descrito con gran claridad estos riesgos, ya que padece la condición. Ha declarado en público su diagnóstico como una manera de luchar contra el estigma y la discriminación hacia las personas con diagnósticos psiquiátricos.

En 1989, la doctora Jamison publicó un artículo científico sobre el mismo tema que preocupó a Karl Jaspers y a Nancy Andreasen: la relación entre creatividad y psicopatología. Estudió a cuarenta y siete artistas británicos de diferentes ramos: poetas, dramaturgos, novelistas y artistas visuales.[60] Observó que el 38% de estos sujetos creativos ya habían recibido tratamiento para algún trastorno afectivo (depresión mayor o trastorno bipolar). Mediante entrevistas y un seguimiento de treinta y seis meses, observó que una tercera parte de los sujetos reportaron estados de malestar emocional, en los cuales decían sentirse "más ansiosos", "cerca del suicidio", o con sentimientos de miedo, antes de sus episodios de mayor creatividad.

La gran mayoría de los artistas (89%) reportó episodios de creatividad intensa, en los cuales su producción aumentaba, sentían euforia, entusiasmo, sensaciones de mayor energía, sentimientos de autoconfianza, aumento en la velocidad y la fluidez del pensamiento, mayor capacidad para concentrarse, emociones intensas, sentimientos de bienestar y una disminución en la necesidad del sueño.

Kay Jamison concluyó que las cifras de trastornos afectivos en el grupo de artistas eran muy altas en comparación con lo observado en la población general: 1% en el caso del trastorno bipolar y 5% en el caso de la depresión mayor.[61] La doctora Jamison encontró semejanzas entre los episodios de aumento de la creatividad y ciertas fases observadas en el trastorno bipolar, conocidas como episodios de hipomanía: estos son periodos de días, semanas o meses de duración, en los cuales hay una clara elevación del estado de ánimo, aumento en la sensación de energía y de la actividad en general, mayor rapidez en el habla y menor necesidad de sueño. Estos episodios no son tan graves como los episodios maniacos y suelen ser subdiagnosticados.[62]

Para entender el concepto de hipomanía habría que visitar otra vez a Emil Kraepelin, a finales del siglo XIX. Kraepelin era hijo de un cantante de ópera y narrador de ficciones: un hecho con repercusiones en su carrera, porque el médico alemán fue un escritor capaz de elaborar retratos clínicos convincentes.[63] Kraepelin describió un estado semejante a la manía, pero de menor intensidad, al que llamó "hipomanía". ¿A qué se refería con esto? Lo mejor es dejar hablar al célebre neuropsiquiatra.

El enfermo está seguro de triunfar, se siente feliz y afortunado, muchas veces de forma abrumadora, y despierta cada mañana de un humor excelente. Se siente rodeado de personas buenas y amables, y se complace disfrutando los placeres de la amistad, el arte o la humanidad; quiere hacer feliz a todo el mundo, acabar con la miseria. Siente una alegría desbordante y una despreocupación que le inclinan a todo tipo de locuras y travesuras. Otras veces, desarrolla una vena humorística y tiende a ver el lado gracioso de todo, inventar motes o burlarse de sí mismo y de los demás.

Un paciente, según Kraepelin, afirmaba ser "poeta, ganadero, escritor, calderero, maestro, reformador de la nación, líder anarquista y detective".[64] Algunos pacientes "dan serenatas nocturnas con un trombón, otros se pasean con un frac repleto de condecoraciones falsas, hacen ejercicios militares con una escoba, van bendiciendo por las calles o visitan sin motivo al arzobispo".[65] No es infrecuente que estos estados conduzcan a embarazos o "insensatos compromisos matrimoniales; 'cada uno de mis hijos tiene un padre distinto', decía una paciente".[66]

"El enfermo ensalza con elocuencia sus méritos y capacidades; se burla de lo que hacen los demás y exige un reconocimiento especial a su persona; se considera un magnífico poeta, orador, bromista y hombre de negocios", escribió Kraepelin. Al confrontarle con el hecho de que pedía limosna, un paciente contestó orgullosamente: "El mendigo es el verdadero rey".[67]

Las estampas clínicas que nos dejó el doctor Kraepelin a principios del siglo XX ilustran bien el problema clínico y social de los estados maniacos, que son más intensos, duraderos y peligrosos que los periodos de hipomanía. La hiperactividad, por ejemplo, es un síntoma prominente:

> Un paciente hace imprimir 16 000 postales de su pequeño pueblo o quiere adoptar a un niño negro de Camerún. Otro da vueltas en un coche de caballos repartiendo estampitas de santos. Un enfermo se ofrece a la policía para atrapar al instante a un criminal al que se buscaba desde hacía tiempo, deja prestado al funcionario que le atiende un uniforme falso y, por medio de un anuncio en el periódico, invita a toda la alta sociedad a un baile en el mirador. Un paciente reclama un aumento de sueldo y amenaza con accionar la alarma de incendios para llamar la atención sobre su situación. Una enferma lee del periódico un sinfín de absurdas historias que inventa sobre la marcha.[68]

En las etapas de manía, afirma Kraepelin, hay ideas delirantes: el paciente asegura que "es un genio, el emperador Guillermo, el zar de Rusia, Jesucristo. Hay mujeres que dicen tener ochenta diamantes auténticos, o que son cantantes, primeras figuras del violín, reinas de Baviera, hijas de un rey, la reina de Orleans, o hadas de cuento. San José se acostó con ellas, el papa y el rey vienen a visitarlas; Cristo resucita dentro de ellas".[69]

Si bien la escuela hipocrática describió la manía, fue durante el siglo I o II después de Cristo, en una ciudad que hoy pertenece a Turquía, cuando Areteo de Capadocia observó la transición de la manía a la melancolía.[70] El paciente maniaco, eufórico, "experimenta una tendencia a la melancolía; al final de la crisis pasa a sentirse lánguido, triste, taciturno, manifiesta preocupaciones sobre su futuro, se siente avergonzado".[71] Cuando la fase melancólica finaliza, estos pacientes vuelven a estar alegres, "se muestran victoriosos en público, como si hubieran triunfado en unos juegos, a veces ríen y bailan toda la noche".[72] Areteo describe el "furor maniaco", en el cual el paciente "a veces mata y degüella a los sirvientes" o expresa ideas de grandiosidad: "Sin ser cultivado, dice ser un filósofo". En su momento, Kraepelin confirmó las observaciones de Areteo y describió que los pacientes con estados maniacos sufren eventualmente cambios en el afecto y la cognición, hasta desembocar en los "estados depresivos". La utilización del término "depresión" en su *Tratado de psiquiatría* marca el fin de una era y el comienzo de una nueva. No fue el primero en escribir el término para referirse a los pacientes melancólicos: se venía usando desde la mitad del siglo XVIII, quizá porque sugería una explicación "fisiológica" para el problema clínico.[73] Al principio se empleó el concepto "depresión mental" y al final se abandonó el adjetivo "mental". En 1860 apareció en los diccionarios médicos.[74] En todo caso, Kraepelin consolidó el uso de la palabra. Sus narraciones revelan que atendía a personas con formas graves de este padecimiento, que no guardan relación con la imagen trivial que a veces se difunde en los medios de comunicación actuales. "El enfermo se siente abandonado; duda de nuestro Señor y se arrastra a duras penas por la vida con una apatía y una resignación que excluye cualquier consuelo o esperanza". Los pacientes sufren alteraciones de la percepción y del pensamiento, y esto agrega una capa fantasmagórica al sufrimiento: "Los enfermos ven siluetas, espíritus o el cadáver de algún pariente. Una mancha de la pared es una boca que arranca la cabeza a los niños, a bocados; todo se ha vuelto negro. Los pacientes escuchan insultos ('puerca holgazana', 'mala persona', 'embustera') y voces que les incitan a suicidarse".[75] Las ideas de culpa son muy prominentes y alcanzan un rango delirante. "Las enfermas creen que mataron a sus hijos aguándoles la leche, que no los educaron bien, que no tuvieron paciencia con ellos, que desatendieron su educación religiosa, o que abortaron; no atendieron bien la casa, la tenían sucia, eran unas vagas."

A juicio de Kraepelin, todas las formas graves de los "estados depresivos" forman parte, tarde o temprano, de lo que llamó "locura maniaco-depresiva".[76] En su momento, Kraepelin usó la palabra alemana *irresein*, que se traduce al inglés como *insanity* y al español como locura. Algunas décadas después, el término "locura" fue abandonado en la medicina científica, a cambio del término "psicosis maniaco-depresiva", que a su vez fue sustituido por "trastorno afectivo bipolar".

En su ensayo histórico *Marcados por el fuego: La enfermedad maniaco-depresiva y el temperamento artístico*,[77] Kay Jamison reconstruyó la historia de muchos artistas y escritores célebres y las posibles evidencias de que padecían trastorno bipolar. Incluye a escritores como Virginia Woolf, Lord Byron, Mary B. Shelley, Edgar Allan Poe y Herman Melville, así como al músico Robert Schumann. También incluyó casos controvertidos como el del pintor Van Gogh, quien fue diagnosticado como portador de esquizofrenia por el psiquiatra Karl Jaspers, y como bipolar por Jamison, lo cual nos muestra las limitaciones evidentes de los diagnósticos retrospectivos en particular, y de los diagnósticos psiquiátricos en general: no es que no tengan alguna validez científica, ya que tienen mayor poder predictivo que los conceptos médicos de la Antigüedad o la Edad Media, pero no tienen la exactitud y la precisión alcanzadas en otras áreas de la medicina, como la cardiología o la oncología.

Un amigo me dijo que el tema de la creatividad y la psicopatología se ha vuelto un lugar común dentro de los estudios culturales. El planteamiento no es novedoso: se remonta a la antigüedad, con las ideas de Platón y Aristóteles. Según Roger Bartra, se trata de una inflexión en el mito de la melancolía, que se actualiza en forma periódica y adopta nuevos montajes teóricos: así aparecen las patografías de Karl Jaspers y las investigaciones clínicas de Andreasen y Jamison. Aunque sea un lugar común, las grandes investigaciones epidemiológicas apoyan la hipótesis de una relación estadística que va más allá de la mitología. En 2018, un grupo de investigadores suecos, dirigido por Simon Kyaga, analizó más de cuatro millones de registros demográficos, para identificar, por una parte, a personas dedicadas a una carrera artística ,y por otra parte, a personas con diagnóstico de trastorno bipolar, trastorno depresivo mayor y esquizofrenia. Los autores hicieron una definición amplia del término "creatividad artística", incluyendo artes visuales, música, artes escénicas, producción en medios de comunicación, diseño gráfico, fotografía, diseño industrial, de modas y de interiores, y otras carreras. Luego hicieron una definición "estrecha", restringida a las artes visuales, la música, las artes escénicas (teatro y danza), el cine y el diseño de modas. En ambos casos, el análisis estadístico reveló que los individuos dedicados a las carreras artísticas tenían un riesgo significativamente mayor de desarrollar un padecimiento psiquiátrico: en particular, trastorno bipolar, depresión mayor y esquizofrenia. Como en todo estudio epidemiológico, se habla tan sólo de riesgos: la mayor parte de los sujetos con una formación artística no tendrán un diagnóstico psiquiátrico, pero la probabilidad es mayor en comparación con las personas que no tienen una carrera artística. Como un punto de comparación, se analizó también el haber recibido un diagnóstico de diabetes mellitus, que no tuvo ninguna relación con la educación artística.

Si la epidemiología nos dice que, en efecto, los datos actuales apoyan una relación significativa entre la creatividad artística y la psicopatología, me parece necesario preguntar: ¿qué significa esto desde el punto de vista de la creación artística? ¿Y qué significa desde la perspectiva de la ciencia? Este libro busca una contemplación panorámica del problema. En el mundo contemporáneo, la pérdida del sentido de vida se ramifica en múltiples ámbitos de la experiencia: en la escala global, el suicidio aparece como una de las causas dominantes de muerte y las patologías neuropsiquiátricas están entre las causas principales de discapacidad, en particular la depresión mayor.[78] Los nexos ocultos entre la psicopatología y las artes nos recuerdan que la creatividad artística no es sólo un ejercicio elitista de perfección técnica o formal: el dolor generado en la profundidad del cuerpo —o en el desajuste del mundo— es un motivo que emerge desde las capas profundas de la experiencia estética. Esto se hace evidente en el desenlace más sombrío donde convergen el oficio literario y la melancolía: el suicidio.

ESCENAS DEL SIGLO XX

Si contemplamos la primera mitad del siglo en el que Kraepelin, Jamison y Andreasen han publicado su obra sobre los padecimientos afectivos, asistimos a un espectáculo doloroso en el campo de las letras.

Podemos buscar, en la catedral de Notre Dame, la banca en la cual Antonieta Rivas Mercado pasó sus últimos momentos de vida. La escritora mexicana, defensora de los derechos de la mujer, se quitó la vida en 1931, con el arma de fuego que le quitó la noche previa a su amante, José Vasconcelos.

Podemos observar a Horacio Quiroga tomar cianuro en 1937. Una biografía mínima del cuentista uruguayo nos muestra la emergencia del suicidio en un escenario de pérdidas violentas: la muerte accidental de su padre cuando era un bebé, el suicidio de su padrastro benefactor, la muerte por fiebre tifoidea de sus hermanos, el homicidio accidental de un gran amigo, que llevó a Horacio unos días a la cárcel; el suicidio de una de sus esposas; el aislamiento, las disputas violentas y el abandono de su última mujer: todo transita en la vida de Quiroga hacia una profunda pérdida de la esperanza.

Podemos observar, en 1938, el ahogamiento de la poeta argentina Alfonsina Storni, en un estado de dolor físico y emocional tras un diagnóstico de cáncer de mama, y tras el suicidio de su amigo, Horacio Quiroga.

En 1938, un amigo de Quiroga y de Alfonsina Storni se suicida mediante cianuro de potasio mezclado con whisky. Se trata de Leopoldo Lugones, el poeta argentino. Años después, el hijo y el bisnieto de Leopoldo consumarán el ritual genealógico del suicidio.

Podemos observar al filósofo judío alemán Walter Benjamin, mientras trata de huir del territorio francés ocupado por los nazis, en 1940. El requerimiento de un permiso de salida le impide salir y frente al temor de ser capturado por la policía española para ser enviado de regreso con los nazis, toma pastillas de morfina para matarse. Esta ejecución pone punto final a los pensamientos suicidas recurrentes que sufrió durante los años de la guerra.

Podemos ver el ahogamiento de Virginia Woolf en el río Ouse, en 1941; la carta de despedida que deja a su esposo sugiere el efecto de un padecimiento mental: "Tengo la certeza de que me estoy volviendo loca otra vez. Siento que no podemos atravesar otra de estas terribles temporadas. Y no voy a recuperar este tiempo. Empiezo a escuchar voces, y no puedo concentrarme. Por eso hago lo que parece mejor. Tú me has dado la mayor felicidad posible. Has sido todo lo que una persona puede ser. No creo que dos personas han sido más felices hasta que esta terrible enfermedad llegó".[79]

Podemos leer la carta suicida del autor austriaco y judío Stephan Zweig, quien toma una sobredosis letal junto con su esposa Charlotte Elisabeth Altmann, el 23 de febrero de 1942, en Petrópolis, Brasil, tras el desarraigo y un largo exilio durante la Segunda Guerra Mundial.

Podemos abrir el libro *Eros y Psiqué*, del psiquiatra Héctor Pérez Rincón, para contemplar el ahorcamiento del poeta y químico mexicano Jorge Cuesta, en 1942. Cuesta afirma que los judíos dominan el mundo porque controlan las Esencias (filosóficas). Piensa que logrará quitar lo tóxico a las moléculas activas de la mariguana y el peyote; "elabora whiskies indiferenciables de los auténticos y un perfume extraordinario" requerido para un regalo a la actriz Dolores del Río.[80] "Un día, frente al microscopio, Cuesta es víctima de una gran agitación. Cree haber logrado la creación de la vida, dice al observar proteínas y ácidos nucleicos. Sus compañeros acuden y sólo observan cadenas de estreptococos y bacilos". Emprende el proyecto de una explicación química de la Biblia. Cuando es llevado con el neurólogo español Gonzalo Rodríguez Lafora, patólogo de contribuciones duraderas a la medicina científica (y clínico atroz), el poeta recibe la más prejuiciosa de las interpretaciones freudianas: Lafora dice que la paranoia de Jorge Cuesta tiene su origen en una homosexualidad reprimida.[81] La falta de una terapéutica eficaz (que aparecerá una década después, en Francia) conduce al desenlace trágico de la autocastración y el suicidio.

Esta colección de escenas literarias terminales muestra la heterogeneidad del suicidio. En algunos casos, la presencia de una genealogía es consistente con los patrones genéticos del trastorno afectivo bipolar, que tiene un alto coeficiente de heredabilidad.[82] Pero la transmisión familiar de las narrativas trágicas también puede tener un papel en el suicidio, mediante un efecto semejante a la programación cultural. En el caso de Virginia Woolf, a pesar del amor de pareja, debe decir: ella siente la irrupción de un padecimiento que incluye alucinaciones, y lo conceptualiza como enfermedad. Jorge Cuesta sufre un delirio crónico, de intensidad creciente, a pesar de los brillantes eufemismos de la época: "Su muerte fue un caso de intoxicación racional", dice Octavio Paz, y José Emilio Pacheco afirma que el desenlace es "el precio de su implacable lucidez".

A mi juicio, se gana poco al tratar a un padecimiento mental destructivo como si fuera un ejercicio poético. La doctora Rosa Aurora Chávez, quien trabaja en el Centro Internacional para la Creatividad de Washington, realizó un estudio con sujetos altamente creativos y encontró que los puntajes más altos en las escalas de ansiedad y depresión se asociaban a puntajes más bajos en el desempeño creativo. Esto sugiere que, a pesar de la visión popular heredada de Aristóteles y Karl Jaspers, la instauración de un padecimiento ansioso-depresivo no estimula los poderes creativos, sino que los reduce. La doctora Chávez concluye su estudio sin ambigüedades, con la recomendación de que los estados depresivos sean tratados en los sujetos creativos.[83]

La perspectiva médica puede ser útil para aliviar el sufrimiento y mejorar el desenlace clínico, en particular cuando se puede establecer un diagnóstico de trastorno bipolar o depresión mayor con fundamentos sólidos.[84, 85] Pero la medicalización de la tragedia humana puede incurrir en excesos. Se requieren abordajes transdisciplinarios capaces de tomar en cuenta la complejidad de los factores causales en el desarrollo de los padecimientos psiquiátricos, por ejemplo, el papel de la personalidad como una estructura intermediaria: esto puede tener una importancia especial en la intersección de la creatividad artística y la patología neuropsiquiátrica.[86] El abordaje médico es necesario pero insuficiente para aliviar el sufrimiento que conduce al suicidio. Se requiere un trabajo desde múltiples disciplinas, como la psicoterapia, el trabajo social y la enfermería. Y se requiere una estructura colectiva orientada al desarrollo de la salud: de los políticos a los arquitectos, de los deportistas a los educadores: la labor es colectiva y hay un compromiso pendiente con las tareas de prevención.

Es imposible no observar las condiciones sociales y las narrativas personales que inciden y modelan el sufrimiento de las personas suicidas: las pérdidas violentas, la frustración amorosa, el escenario de una guerra con niveles destructivos inéditos: todo eso forma parte de la composición multifactorial de la tragedia humana.

Hay formas de sufrimiento que no pueden reducirse a un objeto visible de la neuropatología: estados de conciencia que surgen de experiencias traumáticas en el curso de las interacciones sociales. En la búsqueda de una ciencia neurobiológica y objetiva no debemos perder la dimensión cualitativa de la experiencia intersubjetiva. Incurrimos en la reificación si olvidamos escuchar a nuestros pacientes, cuando no tenemos el tiempo o la disposición para conversar con la profundidad necesaria, en síntesis: cuando ignoramos la subjetividad del otro y lo reducimos a una cosa. Parafraseando al erudito de Cambridge Germán Berrios: reificar significa ver las relaciones humanas como si fueran objetos o cosas inanimadas, restándoles todo dinamismo, sentido o valor personal. Cosificar el dolor emocional dispone al médico a olvidar la trama dinámica de las interacciones humanas. Nuestros pacientes necesitan, con frecuencia, medicamentos y otros remedios biológicos, pero también una actitud de escucha auténtica por parte del clínico. Parafraseando a William Osler, conocer al paciente que tiene la enfermedad es tan importante como conocer la enfermedad que tiene el paciente. El estudio de la causalidad física, objetiva, tal y como lo buscan las ciencias médicas y las neurociencias, no se opone al ejercicio de la comprensión interpersonal, que atiende los significados personales de una historia. Ambas actividades pueden darse de manera simultánea, sin contradicción. El estudio de los escritores suicidas plantea estas problemáticas: nos muestra el tejido de las narrativas históricas, las genealogías, las enfermedades, las trayectorias biográficas. La articulación de la literatura y la historia en el cuerpo de la medicina es un camino para escapar de la trampa denunciada por la antipsiquiatría: convertirnos en vendedores del supermercado de la salud.

La muerte de los escritores suicidas deja una trama interrumpida de manera brusca, que revela, en todos los casos, un conjunto de claves indispensables para alcanzar un entendimiento científico o hermenéutico de la vulnerabilidad humana y de los caminos a la muerte trágica. Los actos suicidas ponen al descubierto el papel de las enfermedades físicas, las condiciones neuropsiquiátricas, los agentes violentos que operan en la familia y en la sociedad, el efecto de las pérdidas tempranas. Las disciplinas médicas y psicológicas no deberían olvidar la dimensión social donde se gestan los problemas de la salud mental: la psiquiatría y la psicoterapia deben enriquecerse con los avances de las ciencias, pero también con la comprensión alcanzada mediante la literatura, las artes y las humanidades. El lado problemático de la conciencia humana —el sufrimiento y sus múltiples fuentes— es el sitio de convergencia de todas esas disciplinas.

Aquí termina este ensayo científico sobre la creatividad literaria y la psicopatología. Ha pasado desde Jaspers y su interés por la esquizofrenia, hasta los estudios de Andreasen y Jamison sobre el trastorno afectivo bipolar. Incluí las estampas de varios escritores suicidas, porque nos muestran la heterogeneidad del problema en el plano histórico, transgeneracional y biográfico. El ensayo que aparece en la siguiente página, titulado "Veinte balas", también estudia, a su manera, esa relación problemática, pero lo hace con un enfoque diferente. Se detiene en una escena de la novela *Divorcio en Buda*, para observar el momento de angustia de un juez que no conoce esa experiencia y no entiende su significado. Tomo ese punto de partida para hablar sobre la operación de estados emocionales que no controlamos y no conceptualizamos plenamente. A veces, son estados autodestructivos. Quizá el diálogo entre la literatura y las neurociencias clínicas puede ofrecer una iluminación modesta al problema.

Veinte balas

Las fuentes de un escritor son sus vergüenzas; aquel que no las descubre en sí mismo, o que las escamotea, está abocado al plagio o a la crítica.

EMIL CIORAN

"Se detiene en el umbral. ¿Qué me pasa?, se pregunta, y se apoya ligeramente en el marco de la puerta, con la actitud de quien está observando algo; la gente lo mira y le sonríe. Él siente un ligero mareo". Con esas palabras, la novela *Divorcio en Buda* inicia el retrato de la crisis psicológica del juez Kristóf Kömives. Durante una tertulia en una ciudad húngara, a principios del siglo XX, el juez está cada vez más incómodo, sin saber exactamente por qué: se trata de una mezcla de sensaciones físicas *displacenteras*, preocupaciones y estados emocionales amorfos. El personaje se siente alarmado al pensar que esta constelación de síntomas podría ser detectada por las personas que lo rodean, en particular por su esposa. Le desconcierta no entender lo que le sucede. No está seguro de haber experimentado antes algo similar. ¿Se trata del anuncio de una enfermedad física? ¿O es un estado afectivo provocado por sus relaciones interpersonales?

"¿Qué será esa sensación? ¿Qué sucede en casos como éste? Es un sentimiento vergonzoso. Kristóf no puede concretarlo, no consigue definirlo de ninguna otra forma, y a veces piensa que sería preferible cualquier cosa, incluso la aniquilación, antes que esa vergüenza. No hay nada más humillante, ni siquiera la confesión. ¿La confesión?

¿Qué tiene él que confesar? ¿A quién debe él una confesión?". En la novela *Divorcio en Buda*, los pensamientos del juez Kristóf Kömives nos muestran algunas claves para comenzar a entenderlo: han aparecido sentimientos de vergüenza y humillación. Lo que llama la atención es el hecho de que Kristóf se hace preguntas. En medio de su confusión, establece un monólogo silencioso, que toma la forma de un interrogatorio a sí mismo. Esto sucede porque sus emociones y sensaciones corporales son privadas, y nadie más en la tertulia tiene acceso a ellas, a menos de que el juez las enuncie en voz alta, pero para hacerlo tendría que reconocerlas y conceptualizarlas. Tendría que nombrar esos estados subjetivos, pero carece de un mapa semántico con el cual identificarlos. Esto genera un aislamiento incómodo, un sufrimiento solitario entre la algarabía de la tertulia. El juez Kristóf teme que su perspicaz esposa advierta la anomalía emocional, porque ella es una mujer extrovertida que no teme nombrar las cosas con desparpajo; si sucediera así, la vorágine sentimental quedaría expuesta frente a los demás. La publicidad de los sentimientos podría conducir al escenario temido de la humillación.

A lo largo de la escena, aparecen sensaciones corporales como el mareo y el sudor; estados cognitivos como la anticipación catastrófica, la confusión, el desconcierto; y sentimientos como la vergüenza, el miedo, incluso cierto grado de despersonalización. Quizá algún lector con entrenamiento psicopatológico estaría tentado a decir que el autor de la novela *Divorcio en Buda* narra lo que hoy en día llamamos "crisis de pánico", o "crisis de angustia". En el mundo virtual de la novela, podemos suponer que el juez no dispone de ese vocabulario psiquiátrico y que descubre por sí mismo un conjunto de sentimientos alarmantes, sin el confort de un recurso conceptual que le permitiría, al menos, nombrar la situación para empezar a controlarla. El autor de la novela nos ofrece muchas páginas antes y después de esta escena, con lo cual genera un contexto narrativo a través del cual podemos interpretar el significado de estas emociones amorfas. El lector puede elaborar por sí mismo alguna hipótesis acerca de los sentimientos amenazantes del juez. Quizá la vergüenza surge como resultado de los estrechos códigos sociales de la alta burguesía, de un tímido deseo romántico que se opone a esos mandatos y de un temor a que la melancolía ansiosa, encubierta a lo largo de varias décadas, sea revelada públicamente. Eso significaría una pérdida de la dignidad: el valor más apreciado en la cultura del juez Kristóf Kömives.

Desde hace un par de décadas, trabajo en el campo de la neuropsiquiatría. A veces mis pacientes manifiestan la necesidad de nombrar experiencias preverbales que no han recibido una explicación y ocasionan sufrimiento. Quienes se dedican a la psiquiatría, a la psicoterapia —en cualquiera de sus formas— o al psicoanálisis enfrentan este problema y en ese sentido la labor clínica tiene un parentesco con el trabajo literario, que desarrolla una narración cuidadosa de las vivencias de sus personajes, mientras propone claves para entenderlas dentro de un contexto interpersonal y cultural. *Divorcio en Buda* realiza esta labor con un gran refinamiento, pero ¿quién es el autor? ¿Ha vivido en carne propia el sufrimiento de sus personajes? ¿Cómo surgieron en él estas preocupaciones?

El autor nació en el reino de Hungría, en el año 1900. Sus padres decidieron ingresarlo en un internado religioso, ya que había escapado de su hogar en varias ocasiones. En su momento, hizo duras críticas al nazismo y se declaró antifascista, y el temor a una represalia lo obligó a exiliarse. Cuando los nazis fueron derrotados, las cosas no mejoraron para él. Tras la ocupación soviética de Hungría, su obra fue prohibida en su país hasta la caída del Muro de Berlín, pues la administración comunista lo consideraba un exponente de los valores burgueses. En 1948, abandonó Hungría otra vez. Pasó los últimos años de su vida en Estados Unidos. Un problema de visión le dificultaba la tarea de leer. Dos hermanos suyos murieron en Budapest, y no pudo despedirse de ellos. En sus *Diarios (1984-1989)* relata el prolongado sufrimiento terminal de su mujer, Lola, con quien vivió durante sesenta y dos años, y cuyas últimas palabras fueron: "Qué lento muero". A continuación, perdió a su hijo adoptivo y debió lidiar con el cáncer en su propio organismo. Sándor Márai se suicidó mediante un disparo en la cabeza, un par de meses antes de cumplir ochenta y nueve años.

Cada caso de suicidio plantea interrogaciones sociológicas y también hipótesis sobre la relación entre los individuos y sus escenarios históricos. En el campo de la psicopatología, hay cierta fascinación (o fetichismo) en torno al asunto de los escritores suicidas, pero esta línea de investigación tiene argumentos valiosos: los escritores suelen dejar un rastro de palabras muy útil para comprender las motivaciones del suicidio: la experiencia del sufrimiento, el horizonte de expectativas frustradas que conduce a la desesperanza. Los escritos narrativos nos ayudan a comprender esa génesis múltiple, biológica y social, del comportamiento suicida. En el caso de Sándor Márai, sus *Diarios (1984-1989)* nos revelan una larga planeación del suicidio, que tiene como punto de partida la soledad tras la muerte de su mujer, el temor al dolor y a la discapacidad como consecuencias irreversibles de la vejez y la enfermedad, y la ausencia de oportunidades legales para ejercer el derecho a la eutanasia.

Hoy en día podemos contemplar la trayectoria completa de una vida literaria. Las escenas de esta trayectoria son como cartas de un abanico biográfico: en una carta se encuentra el régimen nazi, en otra están los gobiernos fascistas y en otra los regímenes totalitarios soviéticos que usurparon discursos utópicos para sus fines de manipulación política. En las cartas finales del abanico se encuentra Sándor Márai, solo, tras la muerte de su esposa, con cáncer y veinte balas disponibles para sí mismo. Los anuncios espectaculares que muestran donas, autos y una vida feliz son los adornos inútiles de esta soledad inmersa en una sociedad consumista, fragmentada por las autopistas del capital. La disposición de las cartas parece el resultado de un cruel mecanismo aleatorio, y conduce a la pérdida del sentido de vida. A menos de que la persona que atraviesa las cartas y las recorre como escenarios vitales sea capaz de narrarnos su experiencia a través del abanico biográfico: entonces la trayectoria adquiere sentido para nosotros. La literatura no fue suficiente para salvar a Sándor Márai, pero puede ayudarnos a entender las causas y los motivos de su suicidio. Quizá tendría mucho que decirnos acerca de la prevención del suicidio en los varones de la tercera edad: uno de los grupos epidemiológicos de mayor riesgo. Y si escuchamos con atención al autor podríamos considerar sin prejuicios su solicitud explícita de tratamientos compasivos para acceder a una muerte digna y sin dolor, incluyendo la eutanasia y el suicidio asistido. Esto requiere, por supuesto, un debate ético responsable y una perspectiva de derechos humanos abierta a los testimonios del suicidio.

Si damos un paso hacia arriba y contemplamos la escena desde una plataforma más alta, veremos que los diarios y las ficciones de Sándor Márai (y otras voces del canon melancólico) nos piden comprender mejor la vida afectiva: no tenemos una ciencia integrada, psicosocial y neurobiológica de las emociones que nos vinculan o nos separan. Este conocimiento requiere un nivel fenomenológico, es decir, un estudio atento y detallado de las vivencias sentimentales, tal y como aparecen en la perspectiva de la primera persona. Las artes narrativas, en particular la literatura, pueden darnos un recuento de la experiencia fenoménica como una integración de muchas dimensiones vitales: la dimensión temporal, la espacialidad, el nivel relacional, la composición sensorial, la corporalidad, los contextos históricos, las redes culturales, económicas y políticas. Los acontecimientos sociales modifican la conducta y la experiencia subjetiva, pero también transforman la corporalidad, a través de los enlaces del sistema nervioso central con los mecanismos endócrinos, inmunológicos y autonómicos. Pero esto no ocurre en una forma física o química independiente de la conciencia: todo indica que, de hecho, la actividad consciente es una mediación necesaria entre lo social, lo psicológico y lo biológico. Esta interdependencia ha llevado a la creación de disciplinas como la neurofenomenología, propuesta por el biólogo chileno Francisco Varela, como una vía para estudiar en forma conjunta la actividad consciente y la dinámica de las redes neurales.[1]

En el caso de las artes narrativas, un estudio mostró que las narraciones sincronizan la actividad del corazón en los grupos humanos que atienden a una misma historia. Pero esto requiere de la actividad consciente. La sincronización cardiaca depende del grado de atención consciente que los individuos dedican a la narración y cuando existe un trastorno de la consciencia, como el estado vegetativo persistente, no hay sincronización.[2]

Las ciencias clínicas nos enseñan que la fenomenología de los sentimientos no es independiente del equilibrio dinámico entre la salud y la enfermedad. Hay millones de personas en el mundo con problemas neuropsiquiátricos que modifican en forma dramática los procesos emocionales: las enfermedades neurodegenerativas, la epilepsia, las encefalitis autoinmunes, las infecciones del sistema nervioso, la enfermedad vascular cerebral... En el escenario neuropsiquiátrico atendemos personas con alteraciones desconcertantes de la consciencia. Esto trae a mi memoria el caso de la señora T.

Hace algunos años, la señora T. llegó a medianoche al servicio de Urgencias. Su padecimiento inició unos días antes, con un dolor de cabeza súbito: el más intenso de su vida, tras lo cual perdió el estado de alerta por unos momentos. En los días siguientes acudió con varios médicos, que le dieron tratamientos inespecíficos. Cuando acudió a nuestro hospital, se realizaron estudios de neuroimagen y se demostró una condición de alta letalidad: la señora T. padecía una hemorragia subaracnoidea por ruptura de un aneurisma. Se trata de una catástrofe con una alta mortalidad.

En las imágenes cerebrales se veía una complicación: la presencia de un infarto cerebral en el hemisferio derecho. Los médicos tratantes observaron con sorpresa que la señora T. estaba alegre o más bien eufórica; hablaba con rapidez, se le veía con una actitud juguetona, bromista, como si fuera una niña haciendo travesuras. Decía sentirse mejor que nunca. De pronto tenía grandes planes y no podía estar acostada un minuto más; quería levantarse de inmediato para cumplir sus metas, aunque debía permanecer en la Unidad de Cuidados Intensivos por el alto riesgo de muerte. Su actitud estaba en franca contraposición con el estado anímico de los familiares y los médicos: unos y otros intercambiaban gestos tensos, de preocupación, aunque al interactuar con la señora T. era fácil sonreír de manera involuntaria. Su estado de ánimo era contagioso.

Al revisar con más detalle sus imágenes de resonancia magnética, vimos que el infarto cerebral afectaba un circuito cerebral en el hemisferio derecho, conformado por la amígdala del lóbulo temporal, la corteza orbitofrontal y el lóbulo de la ínsula (también llamada "isla de Reil"). Este circuito, conocido en las lecciones de neuroanatomía como "circuito de Yakovlev", es relevante en el procesamiento del miedo, la tristeza y la ira.[3] A pesar de la circunstancia dramática, la paciente no era capaz de sentirse mal, quizá porque las estructuras necesarias para sentir malestar estaban lesionadas. Era un caso de manía aguda, provocado por la lesión vascular del hemisferio derecho. Las lesiones de la ínsula derecha pueden conducir a la aparición de un síndrome llamado "asimbolia al dolor", en el cual hay una desconexión entre la sensación del dolor y el procesamiento emocional. Preguntamos a la paciente cómo estaba con respecto al dolor de cabeza "más intenso de su vida", que inició todo el suceso clínico. Con alegría, nos dijo que el dolor seguía presente.

—Pero usted se ve despreocupada, incluso alegre —replicó un médico.

—Siento dolor —dijo para sí misma, sonriendo—. Pero estoy mejor que nunca.

La actitud de la señora T. contradice nuestro sentido común. En general, el dolor de las enfermedades agudas es calificado como desagradable y provoca sentimientos de miedo si se desconocen las causas de la patología o cuando hay mal pronóstico. En el caso de la hemorragia subaracnoidea, los pacientes que sobreviven suelen decir que es el peor azote físico que han sufrido a lo largo de sus vidas. Pero la reacción psicológica depende de muchos factores: entre ellos, se requiere un sustrato cerebral para generar la fisiología emocional asociada al dolor. La lesión de ese sustrato puede impedir la reacción emocional esperada.

En la vida cotidiana nuestras redes neuronales están integradas y la experiencia sensitiva y emocional aparece unificada. Pero la patología nos enseña que la sensación dolorosa no es idéntica a la emoción frente al dolor. Norman Geshwind, uno de los padres de la neuropsicología, hablaba de "síndromes de desconexión" para referirse a problemas clínicos como la asimbolia al dolor.[4] ¿Quizá un pequeño viaje a la isla de Reil sea útil para entender las conexiones neurales que dan lugar a la experiencia dolorosa?

Johann Christian Reil, médico y anatomista, publicó en 1796 las descripciones anatómicas pioneras acerca del lóbulo de la ínsula.[5] En 1808 acuñó el término "psiquiatría". Fundó la primera revista alemana dedicada a la fisiología y fue un interlocutor científico de Goethe (quizá su médico). Es un exponente de la psiquiatría romántica, porque escribió en 1803 las "rapsodias sobre la aplicación del método psicológico para el tratamiento de la crisis mental", cien años antes de que apareciera el trabajo psicoanalítico de Freud. Murió en 1813, durante las guerras napoleónicas, al contraer una enfermedad (¿tifo?) mientras atendía víctimas de la batalla de Leipzig.

En su legendaria *Anatomía de Gray*, Henry Gray usó el epónimo "isla de Reil" para designar la estructura que hoy conocemos como "lóbulo de ínsula", la cual participa en el procesamiento del gusto, el olfato, la audición y el equilibrio.[6] En 1988, un equipo de neurólogos argentinos reportó seis casos de una condición conocida como "asimbolia al dolor"; los pacientes reconocen que sienten dolor frente a estímulos mecánicos o térmicos, pero el dolor no les molesta. Si un carbón incandescente está en contacto con la mano del paciente y se le pregunta si experimenta dolor, su respuesta es que sí, pero al preguntarle si le desagrada esa sensación dolorosa, dice que no. Se muestra indiferente y no expresa las respuestas habituales (por ejemplo, retirar la mano). En los casos estudiados por el grupo argentino, se encontraron lesiones en la ínsula de Reil.[7]

En la vida cotidiana nuestras redes neuronales están integradas y la experiencia sensitiva y emocional aparece unificada en nuestra conciencia. Pero la patología nos enseña que la sensación dolorosa no es idéntica a la emoción frente al dolor. Norman Geschwind, uno de los padres de la neuropsicología, hablaba de "síndromes de desconexión" para referirse a problemas clínicos como la asimbolia al dolor.[8] Al parecer, lo que ocurre es una disociación entre el componente sensorial y las emociones que forman parte de la experiencia dolorosa. En condiciones de salud, la integración entre sensación y emoción es realizada por la ínsula, entre otras estructuras cerebrales. La ínsula de Reil tiene un papel crítico en la formación de los estados conscientes de agrado o desagrado que surgen ante cambios en nuestras vísceras, como el dolor estomacal, pero también la comezón, la tensión muscular o la velocidad del movimiento respiratorio.[9] La isla de Reil parece ser de importancia crítica para alcanzar una conciencia interoceptiva, es decir, para tener conciencia de las señales que provienen de nuestros órganos internos. Esto se refleja en el lenguaje de quienes padecen una condición llamada "falla autonómica pura", en la cual hay una disfunción de la ínsula en el hemisferio derecho. Las respuestas verbales de estas personas reflejan una evaluación emocional deficiente: "Ya no pueden sentirse tristes" o "han perdido su capacidad para experimentar sentimientos".[10]

Mediante el estudio de problemas como la asimbolia al dolor, la práctica hospitalaria nos da la oportunidad de investigar la construcción neural de la experiencia consciente. Traigo a la discusión el relato clínico de la señora T. porque puede ayudarme a plantear una hipótesis. Si la patología es capaz de producir, mediante lesiones físicas, una desconexión entre los procesos sensitivos y los procesos emocionales de la experiencia, me parece que la creación literaria opera como una herramienta cultural que transita en la dirección opuesta, es decir, hacia la integración de una mayor conciencia emocional. Esto se pone de manifiesto en el siguiente párrafo de la novela *Divorcio en Buda*: "¿A qué se debe ese sentimiento de vergüenza tan angustioso? ¿De qué se avergüenza? Le parece que de un momento a otro los demás van a descubrir algo, algo irremediable, y vuelve a sentirse mareado. Se queda pálido, la sangre se le escapa del rostro". Como se puede observar, el juez Kristóf Kömives ha pasado de una situación confusa y amenazante a una situación en la cual persiste el intenso malestar, pero los sentimientos han empezado a conceptualizarse: se identifica ya el sentimiento de vergüenza, en el corazón de su crisis psicológica. Es interesante reconocer que este sentimiento, relacionado con un miedo a perder la dignidad (especialmente la dignidad frente al sufrimiento), es una clave que atraviesa la novela *Divorcio en Buda* y nos permite entender mejor los momentos tardíos en la vida del autor. Una mirada a los

Diarios (1985-1989) de Sándor Márai revela lo siguiente: A los ochenta y cinco años, Márai termina su última novela, una ficción policiaca, y a partir de entonces siente una fuerte limitación en su energía creativa, que le impide escribir un proyecto titulado *Roger*, acerca del sentido de la vida, o más bien, acerca del sinsentido que se agudiza en la vejez. La debilidad le dificulta caminar y algunas personas desconocidas tratan de ayudarlo, lo cual le provoca ese sentimiento de vergüenza que atribuye a su personaje, el juez Kristóf. Al fondo de estos sobrios lamentos hay una añoranza por el mundo europeo que dejó atrás. El estilo de vida californiano, a finales del siglo xx, significa un giro decepcionante con respecto a la vida en Hungría en los albores del siglo, pero esta lejanía se ve traumatizada por los años del exilio y el proceso de desterritorialización, y sobre todo por el muro ideológico levantado por la Unión Soviética, que lo ha expulsado del ambiente cultural en su propio país, al que retrató magistralmente. Una suerte de amnesia instaurada por el régimen soviético, mediante la prohibición de obras literarias, provoca una barrera no sólo entre lenguas y países, sino entre Hungría y su pasado cultural. Es bien sabido que el suicidio de Sándor Márai ocurre unos meses antes de la caída del muro de Berlín. Los *Diarios* relatan la compra de un revólver con veinte balas, y la preparación silenciosa de una muerte que debería recuperar, desde su perspectiva, el don de la muerte digna.

La creación literaria y las tradiciones clínicas, con sus propias herramientas, contribuyen a gestar una conciencia emocional más plena, a veces dolorosa, en la cual se revelan experiencias que provienen de la profundidad del cuerpo o del desajuste entre los individuos y los temblores recurrentes de la historia colectiva. Si la patología produce una desconexión de los procesos neuropsicológicos, la creación literaria nos ayuda a crear una cultura intersubjetiva. Este atributo establece un parentesco entre la literatura y la psicoterapia. No quiero sugerir con esto que la función de la creación literaria es exclusivamente terapéutica. Sin embargo, al poner experiencias en palabras de malestar que no han sido mapeadas o codificadas por las colectividades, la literatura otorga un servicio a los sujetos que sufren y un mapa de orientación para quienes ejercemos la práctica clínica.

Los escritos literarios sobre el padecer tienen una doble función: dar voz a los enfermos y desarrollar el léxico de la subjetividad. Esto es necesario en la zona oscura en la cual hay experiencias perturbadoras, mal conceptualizadas. La naturaleza privada de estas vivencias preverbales las hace incomprensibles para los demás; surgen de estratos neuropsicológicos anclados en la profundidad del cuerpo, aunque pueden estar relacionadas en forma estrecha con el entorno colectivo. El trabajo pionero de los poetas, capaces de nombrar experiencias marginales mediante las herramientas de la creación literaria es necesario para desarrollar una conciencia emocional más plena. Si la patología produce una desconexión biológica y social, ¿la creación literaria nos ayuda a gestar una cultura intersubjetiva?

Hasta aquí llega este escrito. La literatura aparece como un recurso para codificar sentimientos hasta entonces desconocidos, mediante la reflexión, la narrativa, las imágenes poéticas. Con su repertorio casi infinito de combinaciones, el sistema verbal nos permite expresar sentimientos reconocidos por la cultura, pero también estados mentales inéditos, imprevistos por la sociedad, como sucede en el caso de las vivencias de los pacientes psiquiátricos. Al amplificar el lenguaje intersubjetivo, los artefactos literarios ofrecen códigos renovados para la metacognición: nos ayudan a pensar acerca de nuestra propia actividad cognitiva y a diseñar un sistema intelectual necesario para identificar nuestras ideas falsas. Esto también abre una ventana hacia los paisajes melancólicos de la introspección. Es el tema que se explora en la siguiente página: "Experiencia literaria y dolor social".

Experiencia literaria y dolor social

*Incluso ahora no me considero un escritor, en el sentido
ordinario de la palabra. Soy un hombre que cuenta
la historia de su vida, un proceso que parece más y
más inagotable a medida que avanzo. Al igual que
la evolución del mundo, es interminable.*

HENRY MILLER

En *El duelo de los ángeles* —un libro formado por tres "cuentos filosóficos", como les ha llamado Christopher Domínguez Michael— Roger
Bartra estudia las figuras de Immanuel Kant, Max Weber y Walter
Benjamin. El planteamiento es que estos filósofos, indispensables para
comprender la modernidad, padecían formas de sufrimiento encubiertas por la intelectualización y la racionalización. Alguno de ellos
elige el suicidio. A Bartra le interesan las dificultades para la introspección emocional de estos individuos brillantes, creadores de obras
filosóficas, en las cuales hay filtraciones del canon melancólico. Pero
estas filtraciones permanecen ocultas antes los ojos de sus autores. La
melancolía funciona en estos casos como un centro de gravedad que
ejerce efectos sobre el discurso, pero no es percibido a simple vista.[1]
En mi papel de médico neuropsiquiatra, no dejo de observar semejanzas entre *El duelo de los ángeles* y el concepto clínico de la alexitimia.

Durante la segunda mitad del siglo XX, al atender pacientes con
síntomas físicos inexplicables, Peter Emanuel Sifneos —un psiquiatra
griego— acuñó el término "alexitimia". Se refería a la dificultad para
verbalizar estados emocionales y para distinguir entre sensaciones

corporales y emociones. Algunas personas han sufrido experiencias traumáticas, por ejemplo, en los campos de concentración nazis,[2] pero son incapaces de poner en palabras los sentimientos asociados a la memoria traumática. El concepto de somatización, usado por Steckel a principios del siglo XX, aludía a conflictos inconscientes expresados mediante quejas somáticas. Aunque la somatización y la alexitimia son ideas con raíces psicoanalíticas, el conocimiento de estos problemas sufrió un giro inesperado en la segunda mitad del siglo XX, como lo narra el doctor Héctor Pérez Rincón en su libro *Simbolexia*.

Al investigar pacientes con cerebro dividido, el doctor Klaus D. Hoppe observó la condición alexitímica. Esto se presenta de manera evidente en pacientes sometidos a una callosotomía, es decir, la interrupción quirúrgica del cuerpo calloso que conecta los dos hemisferios cerebrales.[3] Esta intervención se realiza en casos graves de epilepsia. Al separar los hemisferios se detiene la propagación de las crisis epilépticas. Pero hay algunos efectos adversos en el terreno de la neuropsicología: los datos procesados por el hemisferio derecho (patrones emocionales, musicales, visuales y espaciales, en forma predominante) no logran trasladarse al hemisferio izquierdo, donde deberían codificarse mediante una sintaxis verbal.

Además de la incapacidad para reconocer y nombrar estados emocionales, las personas con alexitimia posquirúrgica se enfocan en sucesos externos, con respecto a las vivencias privadas. Su capacidad de simbolización es limitada y muestran deficiencias en la fantasía y la imaginación. Por eso, la alexitimia funciona como un modelo opuesto a la creatividad literaria.[4] Klaus D. Hoppe introdujo un neologismo: "simbolexia", con el cual postuló un "delicado proceso neural" para explicar el fenómeno de la creatividad.[5] Según Octavio Paz, la creación artística resulta de una colaboración entre la mitad oscura y la mitad luminosa de la psique. Si su metáfora está influida por los modelos psicoanalíticos y el arte surrealista, el neologismo del doctor Hoppe sintetiza un concepto neurocientífico: la creatividad surge mediante la comunicación interhemisférica.

¿Cuáles serían los atributos de una persona creativa, según los criterios de la conectividad interhemisférica? De acuerdo con Peter

Emanuel Sifneos, "la persona creativa es original, imaginativa, sensible, capaz de descubrir las conexiones ocultas, tolerar los conocimientos paradójicos, usar la intuición y poseer la capacidad de sintetizar experiencias opuestas e inéditas en un todo significativo". La persona creativa, nos dice Sifneos, "puede teorizar, inventar, captar nuevos caminos para contemplar la complejidad, y prever nuevas vías para resolver puntos de vista diversos y contradictorios. Al mezclar estos factores, produce nuevas ideas y teorías, y puede usar un lenguaje original para expresarlas, hasta crear nuevas palabras".[6]

UNA MUJER SIN SENTIMIENTOS

En el escenario clínico, atendemos formas graves de alexitimia. Una mujer fue hospitalizada en el Instituto Nacional de Neurología y Neurocirugía de México porque trató de suicidarse. Lo intentó porque "no tenía sentimientos". El caso se presenta en una sesión clínica por los doctores José Fernando Muñoz y Juan Orjuela. Su primer caso como neuropsiquiatras es este acertijo, que recupero ahora desde la prosa técnica de un expediente:

22 de octubre de 2013. La señora M., de treinta y tres años, no tiene antecedentes biográficos o médicos de importancia para el padecimiento actual. Creció con sus dos padres y siete hermanos, en una familia católica. No se reportan eventos traumáticos durante la infancia, aunque su padre era estricto. Le pegaba con el cinturón cuando obtenía malas notas escolares y no la dejaba tener novios. M. terminó la educación secundaria y empezó a trabajar a los quince años en una panadería. Conoció entonces a su esposo, quien maneja un tráiler; se casaron al año siguiente de conocerse y llevan diecisiete años juntos. Vive con él y sus cuatro hijos, sin problemas familiares sobresalientes.

Ha sido descrita como una persona alegre, quien gustaba de tener amistades, asistir a fiestas y convivir con la familia. El esposo relata que "cuando algo la angustia reacciona llorando. Ahora ha cambiado y es muy solitaria, no habla con la gente; antes platicaba incluso con desconocidos. Ya no se reúne con sus familiares y amigas".

Su padecimiento inició en el año 2010, sin un factor desencadenante bien definido. "Sentí que me iba a morir en cualquier instante o que me iba a volver loca. Algo me oprimía el pecho y no podía respirar", dijo ella. Según su esposo, "se desmayó durante un minuto, en medio de un lugar lleno de gente. Al despertar estaba confundida. Algo así pasó cuatro veces ese mismo año. También se desorientaba por momentos. Se perdió varias veces a pocas cuadras de la casa". La señora M. empezó a decir que ya no era ella, se miraba al espejo y se sentía diferente, sin poder dar más detalles al respecto. Un médico general prescribió un medicamento antidepresivo y un tratamiento naturista a base de valeriana, sin mejoría.

A finales del 2010 decía que la gente quería lastimarla y escuchaba voces desconocidas que le ordenaban hacerse daño: "Ahórcate", le decían. "Lastima a tus hijas". Esto le generaba angustia. Alguna vez sintió que alguien intentaba ahorcarla y en otra ocasión, recostada en la cama, sintió que el cuerpo no le obedecía. Pensó, transitoriamente, que estaba muerta.

Fue atendida por varios médicos. Mejoró con un fármaco ansiolítico, pero aún sentía que "no era ella misma" y que su familia había sido cambiada en alguna forma. Su actitud era menos cariñosa, se mostraba indiferente hacia los problemas de los demás; se irritaba con facilidad. Durante el nacimiento de su última hija, recuperó la capacidad de expresar afecto. Dio lactancia materna por dos meses, pero temía que algo malo sucedería a la niña. Dejó de dormir, perdió el apetito y escuchó otra vez las voces que le daban órdenes. "Mata a tus hijas. Mata a la bebé". Comenzó a tratar mal a las niñas. Actuaba como si fueran extrañas. Empezó a decir que no sentía nada en su cabeza, en su pecho no sentía nada, "no tenía sentimientos."

Durante la sesión, los doctores Orjuela y Muñoz describen los hechos clínicos y los métodos para obtener la información: una serie de entrevistas a la paciente, al esposo, a otros familiares y la lectura del expediente clínico. La trabajadora social nos muestra una familia cohesionada, sin fracturas evidentes antes del padecimiento actual. El equipo de neuropsicología dice que las funciones cognitivas (la atención, el lenguaje, la memoria, las habilidades construccionales, las funciones ejecutivas) no muestran alguna alteración significativa o evidente.

Pasamos a la entrevista directa con la señora M. Es una mujer que parece mayor a la edad reportada en el expediente. Si tuviera que adivinar pensaría que tiene cuarenta y cinco años, pero sólo tiene treinta y ocho. Hay tensión en su postura y en su lenguaje corporal; la expresión en su rostro es de angustia. Sin embargo, cuando se le pregunta por qué está internada, afirma que se hospitalizó porque ya no puede sentir nada: desde hace algún tiempo no tiene sentimientos hacia su familia, ni buenos ni malos; no siente amor, odio o tristeza; los mira y no siente nada. Aclara que, en el aspecto físico, su esposo y sus hijas no han cambiado. "Pero miro las fotos de ellos y siento que no son los mismos".

—¿Son las mismas personas o de hecho son otras? —pregunta una doctora, para evaluar si no estamos frente al fenómeno conocido como delirio de Capgras, en el cual hay una creencia inamovible de que los familiares han sido sustituidos por impostores.

—No, doctora. Yo sé que ellos son los mismos. Pero no tengo ningún sentimiento al mirarlos. Antes sentía alegría, cariño o enojo cuando me habían hecho alguna maldad, o tristeza si nos pasaba algo malo. Pero ahora no. Es como si hubieran cambiado.

La señora M. nos relata que dejó de cocinar, de realizar labores como madre, como ama de casa. Durante el año 2012 intentó suicidarse de manera premeditada: tomó un raticida cuando estaba sola en su casa. Al preguntarle por los motivos de esta conducta dice que lo hizo porque "no sentía nada".

Durante la entrevista relata que desde el año 2011 no ha vuelto a escuchar las voces que le ordenaban lastimar a sus hijas. Ha tomado medicamentos antidepresivos (fluoxetina) y antipsicóticos (risperidona), ya que alguien le dijo que padecía esquizofrenia. También ha usado medicamentos antiepilépticos (recuerda el ácido valproico). Se le dijo que tenía epilepsia. Pero ninguno de estos fármacos le ayudó a tener sentimientos.

—No siento enojo, ni miedo, ni alegría; no puedo llorar, no siento tristeza—exclama. Y mientras lo hace luce molesta; a juzgar por su lenguaje corporal se encuentra frustrada y tensa: su volumen de voz aumenta y se encuentra gritando. Si alguno de los médicos le dice que parece estar enojada, ella grita y llora, pero repite que no tiene sentimientos.

Es una sesión clínica frustrante; no hay certeza ni consenso con respecto a la naturaleza del cuadro clínico; las opciones farmacológicas se han ensayado sin éxito. Nuestros colegas psicoterapeutas dicen que harán intervenciones diversas, pero el caso no les parece favorable para un abordaje terapéutico. Los neurólogos de la clínica de epilepsia interrogan a la paciente y revisan sus estudios electroencefalográficos. Suspenden el medicamento antiepiléptico porque no hay evidencias para apoyar un diagnóstico de epilepsia. Los médicos no llegamos a un consenso con respecto a su diagnóstico clínico: algunos creen que la paciente tiene una forma de "delirio nihilista", es decir, el "delirio de no tener sentimientos". Otros colegas piensan que se trata de un caso de psicosis y una forma grave de alexitimia, según la cual la paciente es incapaz de reconocer y verbalizar sus emociones. ¿El diagnóstico más útil es esquizofrenia o depresión psicótica en una mujer alexitímica? El estudio de neuroimagen revela claves sujetas a controversia: revisamos las imágenes de resonancia magnética y encontramos pequeñas lesiones localizadas en la sustancia blanca de los hemisferios cerebrales. ¿Qué significado podría tener este hallazgo? Carmen Ojeda, la neuróloga que nos acompaña en la sesión asegura que esas lesiones no tienen relación con los síntomas de la paciente. No tienen la carga o la forma que caracterizan a la esclerosis múltiple o a las enfermedades autoinmunes. Sólo cabe vigilar esta dimensión anatómica mediante estudios posteriores de neuroimagen.

La mujer llora, vocifera con rabia, pero afirma con gran convicción que ha perdido por completo cualquier sentimiento, incluyendo la ira o la tristeza. La paradoja de una mujer que intenta suicidarse porque "no tiene sentimientos" ilustra, en formato clínico, las contradicciones planteadas en *El duelo de los ángeles*: las emociones destructivas pueden ser invisibles para el sujeto que las padece, pero ejercen poderosos efectos en el comportamiento.

Estos acontecimientos clínicos señalan un asunto relevante para entender el proceso literario: hay poderosas corrientes emocionales en nuestras vidas, que pueden estar encubiertas o fuera del campo consciente, pero que ejercen efectos en nuestra conducta, y pueden llevarnos a la autodestrucción, como sucede con la señora M, pero también con los pensadores retratados por la reflexión de Roger Bartra, en *El duelo de los ángeles*. Tener conciencia de estas emociones no significa de inmediato que seamos capaces de discriminarlas y regularlas. Se requiere, también, un trabajo interpersonal, mediante sistemas simbólicos desarrollados por las colectividades. El desarrollo de nuestro lenguaje emocional requiere la convergencia entre naturaleza y cultura. En esa zona de intersección, la literatura aparece como un juego creativo, capaz de articular los signos decantados por la cultura en torno a los estados dinámicos de la conciencia. Mediante reglas lógicas y gramaticales, esta articulación toma la forma de una narrativa emocional que puede transmitirse de un sujeto a otro. Las artes visuales, la música o el lenguaje coreográfico logran transmitir estados mentales con sus propias herramientas. Gracias al juego de las artes narrativas, las experiencias privadas pueden ser comprendidas por los demás y trabajadas en forma artesanal. Esto hace posible también la formación de recursos metacognitivos, que ofrecen un espacio ampliado para manipular y analizar la información que proviene del cuerpo y del entorno. Así podemos desarrollar una mayor autonomía personal y una conciencia de las relaciones humanas: una mayor intercomprensión.

EL AUTODESCONOCIMIENTO

La neurología plantea que la función cognitiva emerge de la vida cuando la información se transforma mediante relevos neuronales progresivos, organizados en forma de circuitos reverberantes jerarquizados.[7] Al fondo de esta visión se encuentra la metáfora de la máquina: del cerebro como una máquina viviente capaz de producir toda forma de conciencia de la que seamos capaces de hablar. El estado de alerta frente a los estímulos del mundo externo puede estudiarse de manera confiable con las herramientas de la neurociencia clínica, pero el problema difícil de la conciencia —así le llama David Chalmers— radica en su aspecto subjetivo, cualitativo y privado. ¿Se trata de un proceso que puede decodificarse con las herramientas de la ciencia natural? ¿Podemos hablar de una mecánica neural de la subjetividad? Y ¿cuál es el papel de la cultura en la formación de procesos subjetivos? En el ensayo *Cuerpo y palabra en la psiquiatría*,[8] el psiquiatra Héctor Pérez Rincón realiza un análisis del largo camino recorrido para inventar un diccionario colectivo de los estados psicológicos y, en particular, un léxico emocional. Como punto de partida, el autor expone el trabajo de Bruno Snell, quien realiza una investigación donde la teoría literaria ofrece materiales indispensables para una ciencia psicológica. Para seguir los pasos de Bruno Snell hay que remontarse a un tiempo anterior a la era cristiana, anterior incluso a la filosofía griega, al pensamiento de Confucio, al budismo y al taoísmo. Si estudiamos *La Ilíada* y *La Odisea*, podremos observar que "todo el relato homérico describe esencialmente conductas en las que está ausente el componente interior, propiamente psicológico, que permanece sin expresarse, y no por motivos estéticos, sino porque no existían todavía los medios lingüísticos adaptados para expresar la interioridad. Sus descripciones de cualidades de personalidad se hacen siempre a través de descripciones corporales".[9]

Hace unos dos mil setecientos años, el poeta más célebre de la antigüedad no disponía de un léxico suficiente para describir la psicología de los héroes y villanos de la guerra de Troya. Bruno Snell nos informa que, en tiempos de Homero, la descripción de los estados subjetivos se hacía mediante un proceso de metaforización, porque no existía la terminología necesaria: el uso de frases referidas a propiedades corporales (por ejemplo "un pie rápido") señalaba estilos de comportamiento y pautas psicológicas. Un "pie rápido" puede usarse para describir un personaje ágil, con buenos reflejos, dispuesto para la acción. Otra metáfora homérica es "un ojo despierto". El ojo indica el estado de alerta y la atención. Así se anuncian las funciones psicológicas que serán nombradas varios siglos después. Las civilizaciones del mediterráneo iniciaron "un lento proceso de metaforización que a partir de la descripción y experiencia del cuerpo dará lugar a la construcción de un nivel diferente cada vez más autónomo, en lo que se refiere a su percepción, que es el de lo mental".[10]

A lo largo de los siglos, la complejidad lingüística generada por la literatura ha promovido el desarrollo de una conciencia personal, la gestión del libre albedrío y el sentido de responsabilidad moral. Un primer ejercicio en el camino hacia la reflexión se da en el canto xx de *La Odisea*. En el monólogo "Soporta, corazón", Ulises sufre una pequeña crisis en la toma de decisiones, que significa la posibilidad de aplazar la acción y desencadena la comunicación consigo mismo, en silencio: dicho de otra manera, la duda hace posible la verbalización de los estados subjetivos. "En el orden y el sentido de las vivencias humanas se comienza a ver no solamente una repetida intervención de los dioses, sino la acción de fuerzas interiores".[11] Esta evolución cultural catalizada por el lenguaje culmina "en la rebelión contra los dioses y el destino que observamos en la lírica y la tragedia".[12] Cuando el sujeto habla consigo mismo en los momentos de indecisión, como Ulises y Hamlet, se crea un nuevo peldaño en la conciencia, que hará posible el surgimiento de la reflexión introspectiva, la confesión religiosa y, más tarde, la psicoterapia.

A pesar de la distancia entre el tiempo mitológico y la realidad contemporánea, el día de hoy somos capaces de comprender la crisis psicológica de Ulises en el canto xx. Puedo entender la indignación del héroe cuando visita su propio palacio disfrazado de mendigo, para no ser reconocido por los pretendientes de su esposa, Penélope. Es bien sabido que sólo su viejo perro, Argos, lo reconoce, y que los pretendientes lo humillan y maltratan; incluso debe pelear con un verdadero mendigo para ganar un lugar en la mesa del palacio real. El deseo de venganza agita cada uno de sus músculos, y en tales condiciones habla consigo mismo: "Aguanta ahí, corazón". Con estas palabras, Ulises revela el conflicto: su propio cuerpo le revela que está al borde de la ira explosiva, pero él usa las palabras para ordenarse a sí mismo una última pausa antes de la venganza. Una acción prematura podría llevarlo la derrota, ya que debe enfrentar solo a los enemigos numerosos. "Y tú aguantaste hasta que tu destreza te sacó de la cueva donde te dabas por muerto", se dice Ulises, pensando en su encuentro con el cíclope, y así agrega al monólogo el recurso de la memoria autobiográfica.

El día de hoy, en medio de una sociedad colonizada por el capitalismo tecnológico y la mercadotecnia, somos capaces de entender los conflictos de Ulises porque cada día regresamos, como él, desde una tierra de ensueño para enfrentarnos al principio de realidad, duro y problemático: pasamos del sueño a la vigilia y nos preguntamos ¿qué hacer el día de hoy? Una lista de obligaciones y deseos aparece en nuestra conciencia. Procedemos a jerarquizar la lista y a resolver las tensiones entre las prioridades aparentes. En la plataforma cognitiva se despliegan también los conflictos éticos de la vida cotidiana: ¿Renunciar al trabajo? ¿Reconciliarse con la pareja? ¿Atender la deuda o endeudarse más?

El individuo promedio del mundo contemporáneo se pregunta a sí mismo qué debe hacer. Esto nos lleva a un cuestionamiento obligatorio: ¿por qué se hace preguntas? Después de todo, en las situaciones cotidianas que nos ocupan, el mismo sujeto formulará la respuesta, con frecuencia. Si la pregunta es: "¿Qué debo hacer el día de hoy?", en teoría yo mismo puedo contestarla, porque decidí previamente cuáles serían los compromisos de este día. Pero la información no está siempre disponible en mi conciencia, de forma inmediata. Algunas veces la respuesta está en la agenda, en la memoria del celular, en un calendario. Pero a veces la respuesta tan sólo está en la memoria cerebral del sujeto: algún número telefónico o las contraseñas que usa para acceder a sus cuentas de correo electrónico, a sus datos bancarios, a sus redes sociales. A veces quiero saber estas piezas de información para usarlas y no lo logro de inmediato, no recuerdo los números o las claves, a veces olvido los compromisos del día. No me contesto a tiempo, pero en algún momento todos esos datos neuropsicológicos reaparecen en mi conciencia, de manera oportuna o a destiempo. ¿No soy transparente con respecto a mí mismo? ¿Por qué debo hacerme preguntas? ¿Por qué no sé la respuesta de inmediato?

Como lo planteó hace tiempo un neurobiólogo: "Aunque un individuo puede usar imágenes visuales, auditivas, olfatorias, táctiles o emocionales cuando piensa, el pensamiento toma la forma de palabras que pueden ser escuchadas adentro de uno mismo".[13] El pensamiento aparece como una forma de autoexplicación: el individuo pone en palabras información preverbal que no ha sido pensada y no ha sido entendida. El sujeto se hace preguntas y se responde; habla consigo mismo en silencio. "El hecho de que el sujeto actúa a la vez como audiencia y orador suscita una curiosa pregunta: ¿quién le explica a quién?".[14] Para entender mejor esta cuestión, quiero usar el microscopio teórico de las neurociencias —metafóricamente— para observar una escena cotidiana:

5:00 de la mañana. El sujeto experimenta una transición gradual desde el sueño hacia la vigilia. Reconoce una canción en el despertador y evoca sentimientos placenteros inscritos por la música en su memoria, pero siente angustia por las responsabilidades del nuevo día. Si un fisiólogo monitorea los eventos microscópicos que transcurren en el cuerpo, dirá que el despertador musical provocó respuestas eléctricas en el órgano de Corti, una estructura localizada en el oído interno. A través del nervio acústico, los impulsos nerviosos han llegado a un conjunto de neuronas localizadas en el tallo encefálico, adentro del cráneo. Este grupo de cuerpos neuronales se interconecta de forma intrincada, como una red, por lo cual se le llama "formación reticular". Desde aquí se descargan impulsos electroquímicos mediante sustancias como la acetilcolina, la dopamina, la serotonina y la norepinefrina, hacia el tálamo y la corteza cerebral, necesarios para la atención consciente.[15, 16]

    5:31 de la mañana. Ya tiene los ojos abiertos. Una luz tenue se filtra por la persiana. Apaga el despertador y cierra los ojos. Regresa al escenario onírico: la secuencia de imágenes de la ensoñación, además de ser una matriz para el arte, la literatura y la espiritualidad, se relaciona con una actividad eléctrica cerebral formada por "ondas ponto-genículo-occipitales". Este no es el momento de analizar la arquitectura del fenómeno, pero debemos aceptar que, en su momento, el análisis matemático concluyó que el patrón de las ondas es aleatorio.[17] Lo cual entra en conflicto, quizá, con la idea de que los sueños tienen un sentido que puede descifrarse mediante técnicas de interpretación. Si la matriz de las ensoñaciones es el azar, ¿por qué les atribuimos un sentido?[18] Pero estas controversias entre psicoanalistas y neurofisiólogos no son el eje de la discusión: son el terreno de fondo donde aparece la problemática de la conciencia.

5:45 de la mañana. El sujeto despierta. Las imágenes oníricas siguen presentes en su conciencia durante unos segundos, pero se disuelven sin remedio; el sujeto monitorea su estado físico en forma automática; en silencio, percibe sensaciones corporales diversas: dolor, incomodidad o placer. Esto se logra porque la corteza cerebral, en estado de alerta, recibe los estímulos que provienen de los nervios periféricos. Los neurólogos hablan de información propioceptiva, que proviene de músculos y articulaciones, registrada en la corteza parietal, y de la información interoceptiva que se genera en las vísceras y se evalúa en el lóbulo de la ínsula, una estructura del "cerebro visceral".[19]

5:50 de la mañana. El sujeto cambia de posición un par de veces, buscando la máxima comodidad y cuando la encuentra desea prolongarla. Pero se pregunta: ¿qué debo hacer el día de hoy? Esta interrogante, la más cotidiana, activa una duda teórica en este ensayo: ¿por qué el sujeto necesita preguntarse lo que hará el día de hoy? ¿Acaso no lo sabe?

La forma del pensamiento, su estructura secuencial de monólogo privado, se relaciona con la historia del desarrollo cerebral. Se trata de un proceso filogenético, que se desenvuelve en el plazo de millones de años, durante la evolución de las especies. También me refiero a la historia ontogenética del desarrollo, que inicia en la concepción y en la cual cada individuo replica, durante la vida embrionaria, los sucesos críticos de la evolución filogenética. En la infancia y la adolescencia el cerebro alcanza una mayor individuación, mediante la selección de conexiones sinápticas específicas para cada persona, en lugares y tiempos particulares.[20]

Entre otras novedades evolutivas, el cerebro humano está dotado de especialización hemisférica. Una tarea del lóbulo frontal izquierdo consiste en organizar la estructura temporal de la información. Esta lógica secuencial es indispensable para la formación del razonamiento práctico, la manipulación de herramientas y el lenguaje verbal.[21, 22] Durante el desarrollo neuropsicológico (y social), nuestro lenguaje adquiere características secuenciales, pero proviene, si se me permite la metáfora, de una prehistoria musical.

Antes de los cuatro meses de edad, aparecen los rudimentos del habla, en la forma de sonidos sin una estructura gramatical, con cualidades melódicas y emotivas. Algunos investigadores les llaman vocalizaciones melódico-prosódicas. Durante la formación de sílabas, estas vocalizaciones adquieren puntuación, segmentación, secuenciación. De manera paulatina, el habla adquiere un formato gramatical y propiedades lógicas, secuenciales. Esto coincide con el desarrollo de conexiones entre las áreas lingüísticas del hemisferio izquierdo.[23]

La aparición del pensamiento es un evento posterior y quizá corresponde a la interiorización de un monólogo autoexplicatorio que aparece en el niño. Jean Piaget observó a los niños hablando consigo mismos, y a eso le llamó "discurso egocéntrico". Lev Vygotsky le llamaba "el discurso para sí".[24] Al principio, el niño explica sus acciones después de haberlas realizado, como si el hemisferio izquierdo no tuviera acceso al plan conductual antes de expresarlo en la conducta. Cuando aparece el discurso egocéntrico, la conectividad entre los hemisferios cerebrales no se ha desarrollado lo suficiente.[25] Al madurar el cuerpo calloso, el hemisferio izquierdo recibe información más rápido, y el niño produce el comentario egocéntrico en forma cada vez más temprana. La observación clásica se refiere a un niño que, al principio, pinta una imagen y luego la explica. Al crecer, explica la imagen mientras dibuja. Al final, anuncia lo que va a representar, y luego lo pinta.[26]

El discurso egocéntrico, o discurso para sí, se hace cada vez más encubierto a medida que el niño crece. Esto da lugar al pensamiento verbal, que ocurre en silencio, pero desencadena movimientos casi imperceptibles en el aparato de locución, aun en adultos. Estos movimientos pueden medirse con herramientas electrofisiológicas, y se conocen como "subvocalizaciones". Cuando el discurso egocéntrico está encubierto, el niño piensa en silencio, en los términos de una organización secuencial y temporal, pero se mantiene la función original de este discurso: la comunicación con uno mismo.[27]

El acto de pensar implica una transferencia de datos generados, a veces, en las regiones no lingüísticas del sistema nervioso, para que las regiones del hemisferio izquierdo, especializadas en el lenguaje, organicen la información de acuerdo con las reglas lógicas y secuenciales. En el registro fenomenológico esto aparece como un discurso privado del sujeto para sí mismo: una autoexplicación, un movimiento semántico codificado verbalmente.[28]

Mediante el pensamiento lingüístico, el individuo adquiere un entendimiento de los materiales preverbales, porque los asocia con signos que provienen del extenso mar de la cultura. Esta conexión entre imágenes y palabras, entre significados y significantes, genera un pensamiento comunicable y comprensible para los demás. Al quedar inscrito en una racionalidad comunicativa, el patrón cognoscitivo se hace más entendible para el propio sujeto. Pero existen riesgos en este proceso. Si las imágenes preverbales son codificadas de manera errónea, las etiquetas verbales pueden empobrecer la subjetividad. Las fuerzas políticas y económicas ejercen presiones; las experiencias inéditas pueden reducirse a estereotipos. La diversidad del abanico emocional puede adulterarse o tergiversarse para entrar en los cánones culturales.

Pensar, en el sentido estricto de la palabra, es una actividad que busca la exactitud y la precisión de las disciplinas científicas, pero también la flexibilidad y el despliegue imaginativo de las artes. Pensar significa un compromiso ético consigo mismo y la colectividad. Se puede llamar literatura al pensamiento capaz de discernir con lucidez entre las imágenes y los conceptos, y capaz de articularlos verbalmente para provocar innovaciones en la racionalidad comunicativa: en la memoria semántica de las colectividades.

LA INCUBACIÓN NARRATIVA

En una librería de viejo encontré un ejemplar de *El proceso creativo*, editado por Brewster Ghiselin. Es una colección de testimonios sobre los mecanismos de la creación, escritos por Einstein, Jung, Yeats, Nietzsche. Abrí el libro al azar y encontré las *Reflexiones sobre la escritura* de Henry Miller: "Empecé en el caos absoluto y en la oscuridad, en un pantano de ideas, emociones y experiencias. Incluso ahora no me considero un escritor, en el sentido ordinario de la palabra. Soy un hombre que cuenta la historia de su vida, un proceso que parece más y más inagotable a medida que avanzo. Al igual que la evolución del mundo, es interminable".[29]

Henry Miller concibe la escritura como un proceso de autodescubrimiento. Como si la psique del narrador contuviera materiales oscuros, que no pueden discernirse en forma directa, pero que ejercen efectos en la conducta. Para entender esta dimensión caótica, el escritor hace un ejercicio de traducción: pone en palabras los materiales preverbales, y los edita hasta alcanzar lo que Habermas llama la "racionalidad comunicativa".

Escribir significa, a veces, traducir al lenguaje de las palabras la información preverbal, para lograr una comunicación consigo mismo y los otros. Quizá por eso Juan Villoro afirma en *La utilidad del deseo* que "la mayor parte de los escritores no escribe porque sepa algo; escribe para saberlo".[30] Desde una perspectiva neurocientífica, podemos suponer que la información, para ser entendida, debe trasladarse desde regiones no-lingüísticas del cerebro hacia regiones lingüísticas; eso permitirá el paso a los circuitos culturales donde se llevarán a cabo nuevas transformaciones. ¿Qué tipos de información se encuentran en las zonas prelingüísticas? Patrones sensoriales, mapas neurales del estado corporal, diseños imaginativos y otras piezas de información formadas mediante la interacción de nuestras redes neurales con el medio externo y con el medio fisiológico del organismo.

Quienes se dedican a las ciencias y a las artes saben que, eventualmente, hay revelaciones creativas que aparecen durante la vigilia, aunque se han gestado durante largos periodos bajo del umbral de la conciencia. Este proceso se conoce como incubación,[31] y al parecer, involucra procesos mnésicos en los cuales se forman asociaciones entre piezas de información remotas. J. R. R. Tolkien lo planteó de esta manera, a propósito de su novela *El señor de los anillos*: "Historias semejantes no nacen de la observación de las hojas, ni de la botánica o la ciencia del suelo; crecen como semillas en la oscuridad, alimentándose del humus de la psique: todo lo que se ha visto o pensado o leído, y que fue olvidado hace tiempo... la materia de mi humus es principal y evidentemente materia lingüística". Al margen de sus méritos literarios, pocos críticos le disputarían a Tolkien la capacidad prolífica para inventar nombres. Pero la facilidad aparente con la que inventó la gramática, la fonética y la etimología de sus lenguas ficticias, no surgió de un milagro inexplicable, sino de muchas décadas de obsesión académica: en su faceta de filólogo de obras medievales, Tolkien pobló su memoria auditiva de fantasmas acústicos del anglosajón, el germánico occidental, el sajón antiguo, el inglés medio, el latín, el gótico, el noruego antiguo, el belga medieval. Estudió también una gama impresionante de lenguas vivientes: francés, alemán, finlandés, gótico, griego, italiano, español, belga, danés, neerlandés, lombardo, noruego, ruso, serbio y sueco. El estudio de tantas lenguas formó la matriz de una imaginación fonética colosal: a eso se refiere cuando afirma que el humus de su psique es materia lingüística. En esta metáfora, el humus es un territorio profundo de la memoria remota, inscrito en el cuerpo, pero difícil de alcanzar mediante la evocación voluntaria, cotidiana.

La participación del sueño en la incubación creativa —y en la fisiología de los recuerdos— es un hecho científico de interés para estudiar la creatividad. Los procesos oníricos en la fase de movimientos oculares rápidos (y también los del sueño de ondas lentas) participan en la incubación creativa, quizá, mediante la formación de asociaciones remotas.[32] El juego combinatorio de los recuerdos y las emociones, al azar o con un sentido oculto, puede generar imágenes inesperadas, y esto se debe, quizá, al hecho puntualizado por Tolkien, cuando describe el sustrato de la creación: "Todo lo que se ha visto o pensado o leído, y que fue olvidado hace tiempo...". El olvido de sucesos, imágenes o ideas no significa forzosamente su desaparición física en el cerebro. Su reaparición, conseguida mediante el trabajo de los códigos artísticos, puede adoptar formas simbólicas o metafóricas.

Henry Miller sentía que el proceso de la escritura era interminable, porque evolucionaba junto con el mundo. Esta interrelación entre un agente humano que se transforma con el aprendizaje y la impermanencia de un mundo cambiante genera nuevas metáforas, nuevos testimonios, ficciones renovadas. A pesar de eso, en las conversaciones de artistas y escritores, es común oír que hay un agotamiento en las posibilidades del arte para encontrar ideas, imágenes o relatos nuevos. Hace pocos años, el artista conceptual Kenneth Goldsmith, siguiendo el guion de las vanguardias artísticas, elaboró una prédica vehemente sobre el futuro de la literatura como una práctica tecnológica basada en la copia, el plagio, la apropiación y recombinación de textos ya existentes. Presentó su libro *Escritura no creativa* como el arte poética ineludible de la era digital.[33] Allí plantea que toda búsqueda creativa es fútil: sólo podemos hallar patrones repetitivos y regurgitados por la tradición. "En este punto ya nadie es original; nadie debe ser original". El agente humano mismo, en tanto creador verbal, resulta innecesario en este guion tecnoliterario. Hay inteligencias artificiales programadas para escribir poemas o novelas, con mayor o menor éxito. La literatura electrónica tiene posibilidades imaginativas y sociales de gran alcance, y puede generar sorprendentes productos transdisciplinarios. Pero los alcances formalistas de la escritura no creativa (Goldsmith hizo un libro transcribiendo un número completo del *New York Times*), ¿nos ayudan a entender las transformaciones históricas de la colectividad? Tras la publicación del libro *Escritura no creativa* en el año 2011, hemos observado las migraciones centroamericanas, el auge del terrorismo islámico, la xenofobia regurgitada por los populismos de derecha anglosajones, el advenimiento de una pandemia: esto no había sido escrito cuando Goldsmith predicaba la obligación de plagiar, porque no había ocurrido. La originalidad de los temas no se debe en este caso a la imaginación, sino a los cambios sociales y ecológicos. ¿En el *ethos* de la escritura no-creativa, la literatura debería limitarse a "copiar y pegar" los textos periodísticos que capturan las transformaciones del mundo?

Los asesinatos provocados por la comercialización civil de armas, por la narcopolítica, así como la violencia sexual y el aislamiento infantil, adquieren formas nuevas y generan estados de dolor social. La doctora Naomi Eisenberg, de la Universidad de California, ha mostrado que el dolor social genera una marca neural similar a la que provoca el dolor físico.[34] Esta marca se localiza en regiones de la corteza cerebral especializadas en formar emociones conscientes. En la corteza del cíngulo, por arriba del cuerpo calloso, hay una región (el área 24 de Brodmann) que codifica estados de displacer, de ira y miedo.[35, 36] Es una zona que participa en el procesamiento emocional del dolor físico. Cuando esta estructura se lesiona, podemos perder la respuesta emocional frente a las sensaciones dolorosas.[37] Al contrario, en personas con una gran carga de dolor social, esta estructura registra un aumento de actividad, así como otra región cortical: el lóbulo de la ínsula, que se especializa en el monitoreo de los estados corporales y, en particular, de las vísceras.[38] ¿Por qué se activa esta región como respuesta al dolor social? Una respuesta posible es la siguiente: porque el dolor social afecta al cuerpo en su totalidad, incluyendo las vísceras: a través de mediaciones nerviosas, inmunológicas y endócrinas, las emociones de origen social modifican el equilibrio orgánico.

El dolor social resulta de la desconexión, el aislamiento, la negligencia, el abandono, la marginación: todo lo que significa una privación afectiva, una separación entre el individuo y su entramado simbólico, físico y afectivo. No es fácil saber hasta qué punto el desempleo y el dolor social han contribuido a la formación de actitudes xenofóbicas, al rechazo de una democracia carcomida por el neoliberalismo y al resurgimiento de filosofías autoritarias. Dudo que una escritura no-creativa basada en el plagio nos ayude a tomarle el pulso a estos problemas cambiantes. Podemos afinar nuestros instrumentos de percepción para captar las expresiones renovadas del malestar en la cultura. En este escenario, la literatura aparece como una herramienta para conectar al individuo con su entorno afectivo. La voluntad de jugar con las palabras es un recurso indispensable para contrarrestar la violenta automatización de nuestro orden colectivo y sus efectos: los gradientes de explotación, las formaciones xenofóbicas, la pérdida del sentido vital. Sabemos que el uso de códigos simbólicos —y en particular los códigos verbales— es capaz de modificar la actividad cerebral.[39] A diferencia de las metáforas computacionales, en las cuales se compara al cerebro con un *hardware* y a la mente con un *software*, en la vida del cuerpo hay una cualidad distintiva: la arquitectura misma del cerebro, el *hardware*, se transforma a medida que usamos el *software*. La estructura se trasforma cuando se ejerce la función. ¿La creación artística aparece entonces como una prótesis cultural para la construcción plástica de nuestras redes neurales?

En su *Antropología del cerebro*, Roger Bartra plantea que los sistemas simbólicos funcionan como redes exocerebrales que modelan la actividad del cerebro, lo cual permite el advenimiento de la conciencia.[40] En contraposición, el neurólogo portugués Antonio Damasio ha elaborado una hipótesis neurológica según la cual hay niveles prelingüísticos y preculturales de conciencia básica, los cuales emergen de la actividad neural durante el proceso de elaborar mapas del ambiente externo, del propio cuerpo y ante todo surgen de la representación neural de los cambios que ocurren en el medio interno fisiológico cuando el organismo interactúa con el entorno. En el libro *The Feeling of What Happens,* Damasio habla de una "narrativa sin palabras del cuerpo", en donde la conciencia es un sentimiento: es el transcurso de las imágenes emotivas que emergen de las transformaciones corporales durante la interacción ecológica, es "el sentimiento de lo que pasa".[41]

La relevancia de la prótesis cultural, a mi juicio, hay que buscarla en el nivel más alto de la conciencia: las redes semióticas podrían traer consigo cambios cualitativos en el proceso psicológico, para formar estados metacognitivos y conceptos abstractos que no mapean directamente al entorno o al organismo, sino a la cognición misma. Aunque el sistema nervioso no necesita de la cultura para ejercer sus funciones de regulación fisiológica, todo indica que hay información que sólo llega a la conciencia cuando disponemos de los sistemas semióticos adecuados. El lenguaje verbal, por ejemplo, es una convergencia entre naturaleza y cultura: surge de la evolución natural, que dio lugar a regiones cerebrales en el hemisferio izquierdo especializadas en seleccionar y ordenar palabras. Pero la evolución histórica y la diversidad social han generado variaciones lingüísticas que no se transmiten por vía biológica. Si el lenguaje es una capacidad enraizada en el cerebro, los idiomas son productos culturales: nazco con una disposición biológica para hablar, pero no con una predisposición al inglés, el chino o el español. Una contingencia geográfica determina mi lengua madre.

La condición bilingüe revela claves inesperadas sobre la flexibilidad cognitiva. Paula Rubio-Fernández, una lingüista española, evaluó a cuarenta y seis estudiantes de la Universidad de Princeton, para conocer su capacidad de razonar acerca de las creencias ajenas.[42] La capacidad para inferir las creencias de los demás es una forma de razonamiento intersubjetivo. Para medir esta función, la lingüista usó una prueba clásica: Anne guarda su muñeca en una canasta de la escuela y luego va a su casa. Mientras está afuera, otra niña, Sally, saca la muñeca de la canasta y la guarda en una caja. Cuando Anne regrese al día siguiente, ¿dónde buscará su muñeca? Hay dos tipos comunes de respuesta: si digo que Anne buscará su muñeca en la canasta (aunque no está allí) tengo una mejor idea de la perspectiva de Anne: soy capaz de imaginar que Anne es víctima de una idea falsa. Pero si digo que Anne buscará su muñeca en la caja (donde sí está, porque allí la guardó Sally), padezco un sesgo egocéntrico: he sido influido por mi conocimiento de la ubicación de la muñeca y no logro imaginar que Anne no conoce esa información: no sabe dónde está, porque no estuvo presente durante el cambio de ubicación de la muñeca.

La prueba de Anne y Sally se usa en los entornos clínicos. Las personas con diagnóstico de autismo y esquizofrenia no obtienen buenas calificaciones, y en la enfermedad de Alzheimer se pierde la capacidad para establecer este juego de perspectivas.[43, 44] A la lingüista, por lo demás, le interesaba saber si las personas que hablan más de una lengua tienen mayor capacidad para el razonamiento intersubjetivo. Y su estudio muestra que así es: en comparación con las personas monolingües, las personas bilingües tuvieron una mayor capacidad para inhibir el sesgo egocéntrico, y para tomar en consideración la perspectiva del otro.[45] ¿A qué se debe este resultado?

Quizá el aprendizaje de una segunda lengua ofrece una mayor diversidad de claves para entender el mundo y amplifica nuestro paisaje semántico mediante el acceso a otros códigos culturales. Pero una explicación tan amplia es difícil de someter a prueba. La doctora Rubio-Fernández buscó evidencias de una explicación más sencilla, mediante una tarea conocida como test de Simon: el aprendizaje de otras lenguas incrementa el control ejecutivo del individuo sobre su cognición. Al aprender un segundo idioma, debemos inhibir la tendencia automática a usar la lengua madre. Esto ejercita nuestro control para inhibir patrones cognitivos automatizados. Mejoramos la capacidad para entender las creencias de otras personas, porque somos más capaces de descartar ideas automáticas. ¿Quizá esto podría tener un efecto sobre los sesgos racistas, sexistas y clasistas de nuestra sociedad? El experimento muestra el poder de una prótesis cultural (la segunda lengua) en el desarrollo de la inteligencia intersubjetiva.

La investigación científica nos muestra que el uso de códigos simbólicos —y en particular los artefactos verbales— es capaz de modificar la actividad de las redes neurales. El simple hecho de nombrar las emociones produce una reorganización de las señales cerebrales, según nos muestra la doctora Naomi Eisenberger: en 2007, su grupo de investigación en neurociencia social publicó un estudio titulado "Putting Feelings Into Words",[46] que evaluó a treinta personas sanas mediante resonancia magnética funcional. Los investigadores presentaron a cada sujeto fotografías de rostros con emociones prominentes, como la ira, el miedo, la sorpresa. Estas imágenes provocaron respuestas cerebrales significativas en la amígdala del lóbulo temporal.[47] Se pidió a cada sujeto observar con atención el gesto facial y después nombrarlo. El acto de nombrar la emoción redujo la actividad de la amígdala y al mismo tiempo aumentó la actividad en otra región cerebral: la corteza orbitofrontal, implicada en la regulación social y en la capacidad de filtrar información irrelevante durante la toma de decisiones. El lenguaje verbal actúa, al parecer, como un modulador de las redes cerebrales implicadas en la conducta emocional. La literatura podría imaginarse como una prótesis para nuestra propia transformación neuropsicológica, en virtud de la naturaleza plástica del sistema nervioso.

Se ha dicho que la plasticidad cerebral —y la adaptación a entornos cambiantes— genera una gran diferenciación entre los individuos de la especie humana y de manera subsecuente aparecen "problemas de comunicación entre grupos o individuos que experimentan formas de soledad desconocidas en el mundo animal".[48] El sufrimiento que surge de estas condiciones estimula la búsqueda de códigos semióticos y nexos comunicativos, y esto se convierte en una fuente (a veces oculta) para la innovación artística.[49, 50] Por eso me atrevo a plantear una hipótesis: las escrituras del canon melancólico son un intento de reparación simbólica y neuropsicológica, que busca en la experiencia traumática una fuente para el conocimiento interpersonal y un diseño tentativo para reestablecer los mecanismos olvidados del gozo.

USURPAR Y DESERTAR

Si la melancolía creativa es un intento de reparación frente al abandono y el trauma, ¿cómo surgen, entonces, los patrones que conducen al desamparo? Si la creación melancólica busca reestablecer las claves neuropsicológicas del gozo mediante el juego de la imaginación, ¿por qué surge en la vida humana la disposición a las pérdidas y a la violencia?

Sin entrar en fundamentalismos que ven al ser humano como portador de un pecado original o de una mala naturaleza que lo dispone a depredar a sus semejantes y a los demás seres vivientes, se podrían ensayar múltiples respuestas al problema del dolor social. No hay duda de que la evolución biológica nos dejó en un punto en el que hay tendencias a la cooperación y a la competencia. Quizá los seres humanos no somos "buenos salvajes" por naturaleza, pero siguiendo a Yuval Noah Harari, parece que la disposición más relevante en la formación evolutiva de nuestra especie es la cooperación.

Comprender la génesis del dolor social requiere un estudio de las relaciones de dominación y sometimiento que sostenemos con los miembros de nuestra propia especie y con los otros seres y entes que nos acompañan en el planeta Tierra. Las mitologías y las tecnologías de la guerra protagonizan estas relaciones. Es necesario entender cómo se explotan las inequidades y se fabrican ideologías para jerarquizar las diferencias sexuales, económicas, étnicas y lingüísticas. La diversidad, una vez jerarquizada en términos de privilegio, es el escenario para explotar a los individuos y a los grupos vulnerables, bajo la operación de sistemas simbólicos que legitiman el abuso y la exclusión. Así se retroalimenta la misoxenia, el odio a la diferencia.

La génesis del dolor social rebasa cualquier intento de este ensayo por abarcarla, pero me gustaría caminar a través de la literatura. Según Italo Calvino, estamos frente a una comedia cuando la narrativa nos muestra la continuidad de la vida; si nos enfrenta a la inevitabilidad de la muerte, nos hallamos ante la tragedia. Este ensayo quisiera dar un paso más allá de la oposición: me gustaría concebir una operación creativa capaz de reconocer y respetar la finitud, sin perder el amor por el juego vital. Las obligaciones éticas de la clínica, sin embargo, me obligan a proseguir con el análisis de las adversidades.

La literatura trágica señala dos formatos esenciales que generan miseria transgeneracional: la usurpación y la deserción. Cuando el príncipe Hamlet recibe una demanda de justicia que proviene de su padre fantasma, una larga deliberación consigo mismo lo convence de que sólo la venganza corrige el crimen de la usurpación. ¿Debe matar para ser justo o validar con el silencio la imposición de una jerarquía violenta? Hamlet padece una tentación en lo más profundo del alma: la deserción.

Usurpar y desertar son violaciones morales que degradan a la comunidad y generan miseria transgeneracional. La trama de *Hamlet* señala la fragilidad en el corazón de las estructuras patriarcales. Si la obra de Shakespeare analiza la estructura de la usurpación, algunas obras fundacionales de la lengua española exploran el desenlace simbólico de la otra maldición transgeneracional: la deserción. En *Pedro Páramo*, la novela mexicana fundacional, Juan Rulfo capturó el delirio posmelancólico de las comunidades que padecen la deserción de los patriarcas: se trata de una suerte de delirio poético acerca de las voces y las reminiscencias de los muertos, en una comunidad empobrecida durante décadas por el abandono y la violencia de un patriarca. Se trata de Comala, pero podría ser cualquier otro espacio rural del México posrevolucionario. Hay semejanzas entre esta ficción y la descripción clínica decimonónica del psiquiatra francés Jules Cotard:[51] en el delirio de negación, los individuos expresan facetas inauditas de un nihilismo sin autoconciencia; pueden negar el hecho de estar vivos, pero también la posibilidad de morir. Un paciente decía que "ya no era él mismo" y que "nada era verdad", y al llevarlo al hospital comenzó a decir que "los hospitales no existían". Al llamar a un médico insistía en que "los doctores no existían". Era un hombre de mediana edad, dedicado a la música, abandonado por su padre desde la más temprana infancia. Vivió con su madre en condiciones de extrema pobreza, había logrado salir adelante en el terreno económico y construyó una familia, pero en la quinta década de la vida comenzó a tener episodios recurrentes de culpa y desesperanza, aunque sus circunstancias de vida habían mejorado.[52] Algunos pacientes superan la miseria de los primeros años de vida, pero los sentimientos de abandono y desprotección se reactivan en las décadas ulteriores y la pérdida de fe puede condicionar intentos de suicidio de alta letalidad. La miseria es el elemento fundacional de estas narraciones y el abandono paterno es casi la regla.

En *Pedro Páramo* la deserción es el resultado de jerarquías abusivas, instauradas mediante la violación y la poligamia, que colocan al patriarca en una posición inalcanzable al centro de la falocracia, en el lugar del tótem. Si el patriarca está en el centro de las redes simbólicas, ¿cómo puede ser al mismo tiempo un desertor? Pedro Páramo es un hombre que ha traicionado la misión de proveer calor humano y protección a su familia, porque violó y sedujo a tantas mujeres que no puede estar con los hijos que procrea. Su ubicuidad es simbólica: se trata de un nombre que está en la boca de todos los habitantes de Comala, pero brilla por su ausencia. Y ese brillo se apaga cuando la vejez lo alcanza. Sin la fuerza (física, económica, militar) para imponer condiciones opresivas a los demás, el patriarca es una sombra de su narcicismo, nada más. Como tantos caciques, grandiosos o amargos, Pedro Páramo es un desertor en la pequeña mitología familiar de las esposas y los hijos. Pero se trata de una deserción encubierta por los relatos que realzan la grandeza del trono falocrático.

Esa distancia entre la miseria cotidiana y los relatos fantásticos sobre el heroísmo, la fuerza o el poder del padre es un espacio virtual en el que surgen identidades melancólicas y ansiedades que buscan la reparación mediante el trabajo literario. Si buscamos este patrón en una escala social más extensa, algo similar se observa en las culturas políticas dominadas por el aparato de propaganda, el culto a la personalidad y la megalomanía política.[53] Aunque la mercadotecnia realza las virtudes reales o fraudulentas del mesías político, en el terreno cotidiano se aprecia un clima de violencia, una pérdida de las libertades y los signos recalcitrantes de la inequidad económica. Cualquier lector atento de la historia universal sabe que las mujeres, las personas marginales y los grupos vulnerables llevan la peor parte en ese terreno de fondo. La epidemiología psiquiátrica lo confirma: ser mujer significa un mayor riesgo de padecer depresión mayor y trastornos de ansiedad.[54] ¿Y los hombres? ¿Cómo nos adaptamos a la competencia violenta por el trono falocrático? Ser hombre significa un riesgo mayor de padecer abuso y dependencia de sustancias adictivas.[55] En la tercera edad, la depresión que habría sido encubierta por el alcohol y las drogas resurge con fuerza, y el riesgo de un suicidio efectivo afecta a los varones con mayor frecuencia.[56]

La relación entre el abandono paterno y la melancolía transgeneracional fue el tema de un ensayo de Federico Campbell: *Padre y memoria*. Al buscar el origen de la vocación literaria, Campbell postuló que Paul Auster, Sam Shepard y Raymond Carver, entre otros autores, desarrollaron la creatividad literaria como una herramienta de reparación simbólica ante la ausencia de padres alcohólicos.[57]

En el relato *Memorias de un comedor de chile*, el doctor Francisco González-Crussí busca las raíces de su doble vocación, de médico patólogo y ensayista, y encuentra a su padre, un soldado de la Revolución mexicana, destruido por la aridez de los desiertos y la barbarie de la guerra, profundamente incompetente para vivir en tiempos de paz, por lo cual se refugia en la fuga a la fantasía alcohólica y en el consumo fanático de chile en cantidades monstruosas.[58]

González-Crussí explica que su padre vivió agazapado entre los cactos y otras plantas del desierto, bajo los rayos de un sol inclemente, mientras esperaba el estruendo de las armas de fuego. Tras la guerra, no encuentra algo en el trabajo o la familia que pueda despertar su vitalidad. Su platillo diario es un tazón de chiles triturados con un poco de agua: una sopa de chile crudo, sin decoración, sin condimentos, sin algún gesto nutritivo. El hijo, por supuesto, no puede compartir esa afición salvaje y eso provoca una distancia con el padre. Hay una capa de incomprensión entre los dos y en el joven queda una marca: se puede ver a sí mismo a través de la perspectiva paterna y en esa mirada luce como un cobarde, un pusilánime. El doctor González-Crussí juega con esta crítica mediante una forma sutil de humorismo melancólico, pero los acontecimientos toman un giro brutal que deja poco tiempo para la contemplación: el padre vende todo lo que tiene y deja a su familia para buscar una mina al norte de la república mexicana: casi una quimera que vio alguna vez durante las caminatas como soldado revolucionario.

Éste no es el momento para narrar la resolución de la historia. Para eso tenemos el libro de González-Crussí. En todo caso, el ensayo nos revela una configuración alcohólica, donde las experiencias traumáticas de la guerra ponen una brecha insuperable entre el padre y su familia: lo suyo no es la deserción literal de otros patriarcas, sino la búsqueda alcohólica de un Santo Grial que ya no tiene un nombre sagrado: es la fiebre del oro del Viejo Oeste, el sueño del petrolero, la búsqueda del mineral que daría a la vida su auténtico valor material.

Un padre ausente o violento significa un riesgo transgeneracional que se inscribe en lo más hondo de la psique infantil, con efectos de largo plazo. La identificación con la figura del padre es problemática porque la restricción afectiva, el alcoholismo o las conductas violentas del patriarca suelen provocar escenarios de abandono, desprotección o daño a la integridad de la familia. Esto tiene consecuencias sobre la formación de una identidad narrativa. Los grandes problemas sociales y económicos se incrustan o se amortiguan en los niños a través de la mediación familiar. Al hablar sobre la génesis de la ansiedad y la depresión, el psiquiatra Boris Cyrulink plantea que los niños son menos vulnerables a las adversidades y a los eventos traumáticos cuando tienen un estilo de apego seguro, pero esto depende de la seguridad emocional de las madres. Y la madre no puede sostener la vida afectiva en medio de la deserción o la violencia patriarcal, no debería de tener que hacerlo: ella requiere el apoyo estable de su pareja, sea hombre o mujer; el apoyo de su padre o de su madre; el estilo de apego seguro en el niño depende de un telar colectivo: una familia biológica o creada con imaginación social.

Cuando se estudian los territorios frágiles de la masculinidad, encubiertos por la dictadura falocéntrica, no debemos olvidar que esta dictadora invisibiliza el efecto de la deserción sobre las mujeres. En el ensayo *Los hijos de Yocasta*, la pensadora francesa Christiane Oliver discute la cultura falocéntrica en general y reelabora el mito de Edipo mediante una narración centrada en la madre del personaje griego: Yocasta.[59] ¿Qué papel juega ella en la trama simbólica? La doctora Olivier critica la frase de Freud acerca de la sexualidad femenina como "un continente oscuro", porque refuerza el prejuicio según el cual la sexualidad de las mujeres es incomprensible. La autora propone una analogía diferente: ella se refiere a "las playas blancas de la sexualidad femenina". ¿Qué quiere decir con esto?

Christiane Olivier propone una historia psicológica que atiende los puntos ciegos del guion freudiano: hay una falta de afecto, de atención consciente y cuidado físico de los varones hacia sus hijas: cuando el padre llega demasiado tarde del trabajo, la hija compite con su mamá por las atenciones del padre y ambas se ven frustradas por la carencia de tiempo y afecto. La niña crece con esa falta y eso genera una tendencia posesiva hacia el hombre con el cual contrae matrimonio, años después. El esposo se siente asfixiado por esta posesividad y busca su libertad fuera del hogar: en la cantina, en un bar, con una amante o mediante la adicción al trabajo. Evita lo más posible llegar a su hogar y cuando lo hace siente la demanda de afecto de la madre y la hija, quienes pueden desarrollar una rivalidad con efectos duraderos; a veces el sentimiento de envidia y rivalidad es extrapolado a la relación con otras mujeres y sobresale la competencia. La madre, por su parte, compensa la falta de afecto del esposo mediante una atención excesiva hacia su hijo varón, al cual sobreprotege y a la vez domina con el mismo estilo posesivo. El niño desarrolla la sensación de asfixia que se escenifica otra vez en la vida adulta, cuando le toca en turno ser el esposo que llega tarde a casa y experimenta la demanda afectiva de la esposa y la hija. Según Olivier, el sentimiento de asfixia es tan primitivo y tiene una raíz tan inconsciente, que el esposo hará cualquier cosa para evitar esa demanda, con lo cual abandona a las mujeres de su hogar y refuerza el ciclo de la deserción patriarcal. Las "playas blancas" de la sexualidad femenina no son coloreadas en esta historia por un deseo auténtico, constante, por una presencia masculina amorosa: siempre hay una tentativa de escape hacia otra fuente de placer.[60]

Se puede decir que la doctora Oliver presenta tan sólo la historia promedio de la familia burguesa europea y anglosajona, y que este relato no puede extrapolarse a otras clases sociales, a otros modos de organización familiar. Se puede cuestionar también que, a pesar de su crítica al falocentrismo, la hipótesis de Christiane Olivier sigue buscando en los hombres la clave simbólica para un desarrollo más pleno de las mujeres. La tesis no se basa en datos obtenidos y analizados mediante el método científico. A pesar de las limitaciones evidentes del modelo, *Los hijos de Yocasta* hace un planteamiento inquietante y genera una reflexión acerca de una psicología familiar frustrada por el círculo vicioso de la deserción y la posesión. ¿Cómo interrumpir la maquinaria anónima del abandono? La indicación de la pensadora es simple pero sensata: se requiere que los varones, cuando son padres, dediquen más tiempo para atender y cuidar, en la dimensión física y psicológica, a sus hijas. Necesitan proveer ternura, cuidados, necesitan mirar y transmitir a sus hijas un sentimiento amoroso que no se ejerce con idealizaciones, sino a través de una presencia cotidiana que da sostén afectivo y una auténtica interlocución. Esto podría generar una cascada de eventos que desemboca en una mujer adulta menos propensa a la rivalidad entre mujeres, a la posesión falocéntrica y, sobre todo, a la competencia con su propia hija. Quizá la solución propuesta por Christiane Olivier es demasiado optimista, pero el reproche de la doctora a los padres que abandonan a sus hijas es tan necesario aquí y ahora como ayer, en Francia.

Hasta aquí llega la trama de este ensayo. La deserción o la usurpación patriarcal genera escenarios de abandono, desprotección y daño a la integridad. En tales condiciones, hay riesgos significativos para el desarrollo infantil, y se requiere de apoyo y sentido de resistencia para proteger la dignidad. La literatura aparece como una tentativa de organización cognitiva y emocional: la búsqueda de una síntesis narrativa capaz de articular los fragmentos dispersos de la vida: los desconciertos, el sufrimiento silencioso, la decepción; las alegrías truncadas, la dubitación y la esperanza… todo aquello funciona como el subsuelo de la emergencia creativa.

En alguna medida, mientras el atardecer llega a las ruinas bajo el monte Parnaso —y así comienza el último ensayo de este libro, en la página siguiente— pienso que la ficción artística es como un delirio lúcido, dotado de metaconciencia, porque el narrador sabe que ha transfigurado los registros biográficos para dotarlos de organización simbólica, durante la formación del sentido literario. La verdad metafórica de los relatos depende del grado de honestidad con que recogemos y analizamos los fragmentos dispersos de la experiencia problemática. Aquí toma sentido la sentencia de Cioran: "Las fuentes de un escritor son sus vergüenzas; aquél que no las descubre en sí mismo, o que las escamotea, está abocado al plagio o a la crítica".[61]

La emergencia creativa

Pero tal acumulación de melancolía, uno de cuyos ele-
mentos intrínsecos es el empobrecimiento del yo, bien
puede jugar un papel estratégico para ese otro deseo,
el deseo de vivir en asombro.

CRISTINA RIVERA GARZA

En su *Psicopatología general*, el psiquiatra y filósofo Karl Jaspers sintetizó los criterios decimonónicos necesarios para reconocer un delirio: se trata de un juicio falso acerca de sí mismo, los otros, el mundo, expresado con gran convicción y una certeza incomparable; una vez establecido, este juicio no se modifica mediante la evidencia que lo contradice y presenta un contenido falso o francamente imposible en el terreno de los hechos.[1] El contenido puede estar formado por temas como la intriga, la conspiración, la magia, la telepatía, el control del pensamiento, los celos, el erotismo. A veces los delirios son posibles: se refieren a hechos que podrían ser reales (pero no lo son). Un hombre pidió hospitalizarse. Según sus palabras, se había quedado en la miseria económica y no podría mantener a su familia. Era un delirio de ruina: su esposa y los hijos me demostraron que las cuentas bancarias no tenían problema alguno. La familia gozaba de prosperidad económica. Otra persona —un médico internista— decidió quitarse la vida porque sus estudios de laboratorio revelaban un problema irreversible de insuficiencia renal. Era un delirio somático: sus colegas miraron los mismos estudios de laboratorio y encontraron que eran normales. Otra persona afirmaba que llevaba meses sin poder defecar, pero la familia y más tarde el servicio de enfermería constató que lo hacía diariamente. El problema es que el paciente no lo decía en un sentido metafórico: para él, la ausencia de defecación era una realidad y decidió no volver a comer. Sus familiares pidieron la hospitalización cuando la falta de líquidos y alimentos trajo complicaciones agudas. En ocasiones, la temática de los delirios es extravagante, carece de toda consistencia lógica y no se requiere una comprobación mediante la evidencia para reconocer la cualidad delirante de un discurso. Mi paciente, Ana María, dice que un actor famoso está en su casa, haciendo el amor con su hermana, "haciendo muchas Ana Marías. Me están sacando el alma, para ponerme más gorda, más flaca. Me inyectan algo espiritualmente, me transforman para hacer chocolates. Me quitaron la matriz y la vejiga. Tuve cirrosis hepática. Me han descuartizado. Me han crucificado. Hay más de quinientas mil Ana Marías aquí. La original la tienen en la bodega. Hay otras Ana Marías, las que usurparon mi lugar, porque me mataron".

En su libro *Delirio* —un texto esencial sobre la historia y la metateoría de este problema clínico— German Berrios analiza la posible formación del síntoma: antes de que el delirio se cristalice mediante una fórmula verbal irreductible, hay una etapa caótica conocida como "etapa predelirante".[2] Las vivencias en esa etapa son difíciles de conceptualizar, porque nuestro léxico no está diseñado para capturar fenómenos subjetivos que surgen durante la desintegración psicopatológica. Este fragmento escrito por Karl Jaspers puede acercarnos a la atmósfera emocional del proceso: "El ambiente es distinto. Existe una alteración que lo envuelve todo con una luz incierta, de mal aspecto. Una habitación antes indiferente o amable provoca ahora un estado de ánimo indefinible. Hay algo en el ambiente de lo cual el enfermo no puede darse cuenta; una tensión desconfiada, incómoda, nefasta, le domina".[3] Este temple delirante, escribe Jaspers, tiene que ser por completo insoportable. Los pacientes sufren en tal medida, que la adquisición de la falsa certeza del delirio es como un alivio.[4] Esto sucede cuando el síntoma se cristaliza como una fórmula verbal. Disponer de una explicación, aunque sea incongruente con la realidad, reduce el sufrimiento. Pero la condición falsa, ilógica de la idea suele aislar al sujeto delirante en el entorno social.

Hay una zona de transición fascinante entre el delirio y el fanatismo político, ideológico o deportivo. Quizá las conversiones religiosas nos ofrecen la mejor analogía: una aflicción caótica es sanada al adquirir una convicción mágica, teológica o trascendente. En este caso, hay una ventaja: la comunidad de los creyentes, así como el tejido simbólico y humano del culto religioso, refuerzan las prácticas y las creencias del individuo converso, mediante un doble mecanismo, intelectual y afectivo. Este libro, dedicado a la clínica y la literatura, no pretende discutir si la verdad religiosa es literal o metafórica. ¿Se trata de un conocimiento auténtico sobre el espíritu y el universo? ¿Debe analizarse en el capítulo de la literatura fantástica, como lo sugirió Borges? La atención clínica recurrente a personas con delirios místicos, en el Instituto de Neurología, me ha hecho tomar notas clínicas durante años, y serán el material de otro libro, algún día.

En la formación de delirios se observa una transición desde el caos hacia un orden falsificado. ¿Hay alguna semejanza con la creación de ficciones? En las artes, los materiales problemáticos, inscritos en las profundidades de la memoria, logran obtener una estructura cognitiva comprensible para los demás y en los momentos afortunados se generan innovaciones en la red interpersonal, que podrían contribuir a aliviar el sufrimiento de las colectividades. A diferencia del discurso delirante, calificado como falso, la ficción opera con parámetros que no pueden reducirse a la dicotomía entre la mentira y la verdad. Aquí entra en juego el concepto de las verdades metafóricas, planteado por Paul Ricoeur.

En algún festival literario escuché al escritor colombiano Héctor Abad Faciolince decir que la ficción es hija del pudor: en vez de confesar sus pecados y conflictos psicológicos, el autor se los atribuye a un personaje literario: Madame Bovary, Ana Karenina, Raskólnikov. La forma fícticia de esos materiales contribuye, quizá, a dotarlos de cierta universalidad, de un mayor potencial intersubjetivo, porque la ficción va más allá del contexto individual para construir historias que trascienden el ensimismamiento y establecen conexiones íntimas entre personas distantes en el tiempo y en el espacio. Quizá la formación de delirios en pacientes con problemas neuropsiquiátricos guarda alguna semejanza con la formación de ficciones, si las tesis del doctor Eugen Bleuler son ciertas: que el contenido informativo de los delirios revela —como las ensoñaciones— los temores y deseos del sujeto enfermo.[5] La información biográfica, según Bleuler, es transfigurada en los estratos inconscientes de la psique y reaparece en el delirio con una forma simbólica. Pero los mecanismos de la transfiguración y las claves interpretativas son desconocidas para el sujeto delirante, quien adopta las imágenes simbólicas como verdades literales.

¿Los delirios son metáforas formadas en un sujeto que no logra interpretar su sentido figurado? Esa pregunta formó parte de la agenda psiquiátrica en la primera mitad del siglo xx, antes de la revolución neurocientífica. La posibilidad de distinguir entre las metáforas y los mensajes literales sería una de las diferencias más relevantes entre la ficción literaria y el discurso delirante. En el escenario clínico, este problema fue estudiado en su momento por un psiquiatra español. Bartolomé Llopis ejerció la medicina durante la primera mitad del siglo xx y conceptualizó los delirios (les llamó "delusiones") como fenómenos originados por un "descenso cualitativo de la conciencia", que provoca una diferenciación inestable y confusa entre el mundo interno y el mundo externo. Se pierde la capacidad para interpretar el sentido figurado; las imágenes simbólicas se toman por verdades literales y las metáforas del enfermo para referirse a su estado subjetivo se transforman, para él, en realidades. En los términos de Bartolomé Llopis, el descenso de la conciencia comporta la desaparición de un modo muy específico de experiencia: la vivencia analógica del "como si", que está en el centro de la inteligencia metafórica. En la vida cotidiana, usamos metáforas y otras figuras de estilo para comunicar vivencias privadas. Por ejemplo, una persona siente una enorme fatiga y dice a su familia: "estoy muerto de cansancio". En la psicología cotidiana, hay un pacto de sentido común para entender esta frase como una figura de estilo: "Estoy tan cansado que me siento como si estuviera muerto". El descenso cualitativo de la conciencia puede llevar al paciente a decir que realmente está muerto y así lo afirman algunas personas que padecen el síndrome de Cotard.[6, 7]

Según Llopis, durante las etapas agudas del padecimiento psiquiátrico, los pacientes forman las *delusiones vivas*, que son delirios con una intensa carga afectiva, pronunciados en voz alta, con una gran convicción: el paciente se siente en un estado de gracia o desgracia excepcional y adquiere un enorme poder persuasivo. Cuando la fase aguda del padecimiento se agota, atestiguamos la permanencia de las *delusiones inertes*, que son las huellas mnésicas del delirio vivo. Estos síntomas residuales aparecen en el discurso si uno los busca, mediante la entrevista propositiva, pero no surgen de manera espontánea, y su poder retórico es débil.

La distinción entre *delusiones* vivas o inertes, propuesta por Bartolomé Llopis, me recuerda los estudios de teoría literaria de Paul Ricoeur: el filósofo plantea que, en la historia de las ideas, aparecen metáforas nuevas, "vivas", que revolucionan los conceptos anquilosados por la tradición, la cual está llena de metáforas "muertas" que han llegado a tomarse como verdades literales.[8] En este sentido, el pensamiento crítico en el campo de las humanidades, la creación literaria y la investigación científica comparten la tarea de renovar de manera periódica el uso del lenguaje, en todos los territorios de la cultura. En los campos de la ciencia, las humanidades y las artes surgen metáforas nuevas, capaces de enriquecer nuestro pensamiento y de revitalizar las redes conceptuales que nos enlazan.

Las transformaciones históricas de la colectividad implican cambios inevitables en la experiencia humana; estos cambios pueden ser dolorosos, porque son el resultado de presiones demográficas, migraciones masivas, conflictos armados o políticos, catástrofes económicas, epidemias, desastres naturales... la imaginación artística es útil en tales circunstancias, porque detecta patrones emergentes de dolor social y transmuta esa información mediante la creación de imágenes, metáforas y narraciones que codifican los sentimientos conflictivos; al hacerlos comunicables, los disponen para el aparato de interpretación colectivo. Así contribuyen a formar una cultura crítica. También pueden generar cohesión social entre la desgracia. Durante la pandemia viral, la enfermedad, el aislamiento y la incertidumbre de enormes masas humanas han provocado una fractura en nuestros pactos colectivos, en las rutinas diarias y en el tejido cultural que subyace a nuestro modo de vida. En este escenario, las experiencias literarias nos ayudan a rehacer las constelaciones del sentido vital.

Las neurociencias nos dan una perspectiva renovada de la experiencia literaria. La literatura combina, analiza y sintetiza datos de múltiples fuentes: usa la información neural para transformarla en cultura y transforma la cultura en información neural. Si la incubación creativa se gesta mediante una organización inconsciente de la memoria y la formación de asociaciones remotas, el acto de la escritura implica el trabajo de la conciencia. Al escribir sucede un juego de selección y ordenamiento de las formas y los significados. Durante la inscripción verbal, ocurre un proceso que todavía no entendemos del todo, conocido como integración transmodal. Con esto me refiero a la síntesis neural de dos o más modalidades de información: los impulsos eléctricos y químicos que provienen de los órganos de los sentidos (la vista, el tacto, el oído, los sentidos químicos, el sistema vestibular) se integran para construir una inteligencia semántica.[9] Esto genera formas de conocimiento estrictamente humanas, como el pensamiento abstracto, la inteligencia metafórica, la metacognición, la capacidad reflexiva. Y aparece una ganancia: la flexibilidad cognitiva, que ayuda a desmantelar estereotipos y a desautomatizar el lenguaje.

El acto de la escritura creativa depende de la memoria de trabajo que mantiene disponible el edificio virtual de una trama con todas sus imágenes, sus conceptos y significados emocionales. Esto puede editarse o someterse a un análisis desde perspectivas múltiples: la visualidad, la sonoridad, la dimensión temporal, las relaciones espaciales y los mapas semánticos: cada aspecto de la creación requiere procesos especializados, pero la operación consciente implica una integración que depende de la conectividad neural. A partir de la tesis de Changeux y Dehaene acerca de un espacio global de trabajo neuronal,[10] podemos sugerir una hipótesis: la actividad consciente de la escritura creativa requiere la integración de cinco elementos: *1)* el conocimiento del presente (a través de los sistemas sensitivos y motores),

2) el resurgimiento del pasado (a través de la memoria), *3)* el diseño y la planeación del futuro, *4)* la asignación de valor mediante procesos afectivos y *5)* la modulación atencional, que nos permite discriminar entre las señales relevantes y el ruido informativo.

En la operación creativa detectamos información sobresaliente en el medio externo o en el campo subjetivo de la experiencia privada.[11] Entonces el estado corporal cambia porque el sistema nervioso autónomo y el sistema endócrino transmiten mensajes químicos a todo el cuerpo. Hay modificaciones en la piel, los músculos, los órganos internos. Nuestro cerebro visceral registra esas variaciones de la fisiología corporal y las pone en correspondencia con otras fuentes de información. Esto nos permite interpretar el significado contextual de las variaciones orgánicas.[12] Las vías interoceptivas nos informan cómo nos sentimos, cómo reacciona nuestro cuerpo frente al entorno y según la tesis de Damasio, la interocepción es la matriz de donde surge el sentido de presencia que está implícito en la perspectiva en primera persona, es decir, el sentimiento de que soy yo quien mira, escucha, piensa, camina, escribe.

Escribo con el cuerpo entero: las manos ejecutan la acción motora, el sistema nervioso codifica y ordena esos actos, pero el cuerpo en su totalidad —a través de los sentidos, los músculos, la piel y las vísceras— provee datos de relevancia crítica en la formación de intenciones y motivos literarios, y confiere una dimensión personal a la obra. La paradoja es que mediante el mapeo de los estados corporales no me centro tan sólo en la interioridad, porque el cuerpo me vincula con el mundo: nuestro cuerpo físico, recalcitrante —que no desaparece mediante decretos filosóficos o fantasías informáticas— nos conecta con las contingencias irreductibles del entorno y nos enlaza con un mundo intersubjetivo, simbólico y ecológico.

Pero el proceso creativo sería irrelevante sin la disposición receptiva de los lectores. La recreación estética de la lectura da sentido a la comunicación literaria. Es como si las significaciones estereotipadas se desintegraran para dar paso a la formación de nuevas constelaciones de conceptos, ligados en forma intrínseca a la vivencia afectiva del cuerpo. Mi conciencia se abre al pensamiento ajeno para permitirle que reconfigure mis propias estructuras intelectuales —mediante signos lingüísticos— a pesar de las fronteras extraordinarias del tiempo y el espacio.

Durante mi infancia, mi padre recitaba un poema a la menor provocación: *Los encuentros de un caracol aventurero*, de Federico García Lorca. Es una fábula filosófica sobre un caracol —pacífico burgués de la vereda— quien contempla el paisaje y abandona las penas de su hogar para explorar los límites de la senda. En el trayecto sostiene encuentros con animales que confrontan su sentido de lo terrenal y de la trascendencia. Pero este pequeño ensayo no se dedica al análisis del texto. Si alguien lo desconoce, debería abandonar ahora mismo este escrito para leer a García Lorca. Lo que presento es más bien el boceto de una fenomenología informada por las neurociencias.

¿Qué cambios corporales y cognitivos aparecen durante la inmersión en un texto poético? En primer lugar, hay una disposición a la lectura. En mi caso, las tentaciones de la vigilia se desvanecen tarde o temprano, pero no aparecen aún los pródromos del sueño. Es de noche y me recuesto en la habitación. Al tomar el libro, tengo acceso visual y táctil a una vieja edición de cuero con la poesía completa de García Lorca. Mi padre usaba este mismo ejemplar para compartir experiencias poéticas con mi madre, hace más de medio siglo. La textura orgánica y el olor a madera me inducen un efecto sedante; quizá por eso la respiración se hace lenta y profunda. No lo sé de cierto, pero sospecho que hay cambios fisiológicos en mi cuerpo, quizá una ligera reducción en la frecuencia cardiaca, en la presión arterial... No hice un estudio científico como tal para resolver este problema: lo que escribo, entonces, es una fisiología posible de la lectura, aunque se trataría en todo caso de una fisiología personal. Apago la pequeña lámpara del buró para reducir al mínimo la estimulación luminosa. La linterna del teléfono celular está encendida, pero lo coloco atrás de mi cabeza, junto a la almohada, para generar una suerte de retroiluminación: así la luz llega a la página y entra a mis ojos a través del libro, que funciona como un espejo.

Los signos escritos desencadenan patrones de actividad electroquímica en mi corteza cerebral y ocurre entonces un análisis visual a través del cual reconozco las formas lingüísticas; si el texto está escrito en chino o en árabe, soy consciente de que no entiendo. Algo así sucede a quienes padecen de alexia, cuando hay lesiones cerebrales en la unión occipito-temporal del hemisferio izquierdo: las letras corresponden a un alfabeto conocido, pero los textos se vuelven ilegibles, como si estuvieran en un alfabeto extranjero... pero voy de regreso a la fisiología cotidiana. Los signos escritos generan imágenes visuales en mi conciencia y estos patrones visuales evocan pautas auditivas, que —a su vez— evocan patrones motores; así me encuentro, de pronto, haciendo una simulación de la lectura en voz alta del poema, como si escuchara —en silencio— mi propia voz leyendo el texto mientras lo veo. Los fisiólogos nos han mostrado que, al pensar o leer en silencio hay movimientos sutiles en los órganos del aparato fonador: en los músculos de la lengua, la laringe, los labios... como si "el silencio" fuera un conjunto de vocalizaciones pronunciadas con un volumen mínimo, bajo el umbral de la percepción auditiva, pero detectable mediante la tecnología fisiológica.

Los signos parecen legibles y puedo entenderlos, porque dispongo de un aprendizaje cultural: la alfabetización, propiamente dicha. Mientras muevo los ojos de izquierda a derecha, de arriba hacia abajo, empieza el acceso semántico al texto: se forman las imágenes virtuales, las acciones imaginarias y los conceptos abstractos. Esto implica la activación sincrónica de redes cerebrales que dan soporte a la memoria episódica, a las redes semánticas, a la integración transmodal. Sucede entonces una experiencia imaginativa, guiada por el proceso intelectual, pero formateada por las pautas rítmicas, melódicas, prosódicas, que fueron codificadas por García Lorca, mediante los recursos formales del poema, y que tienen una dimensión musical y visoespacial; mi cuerpo responde a todo eso con simulaciones de movimiento musculo-esquelético y con movimientos efectivos aunque casi indetectables, a la manera de una danza mínima. Pido prestado este término a la coreógrafa Evoé Sotelo, quien nos dice que la conciencia del movimiento cotidiano puede llevarnos, gradualmente, hacia la danza.

Mi organismo interactúa con el poema también mediante respuestas del sistema nervioso autónomo, que pueden provocar cambios en el cuerpo entero, en la piel y las vísceras... estos cambios son detectados por las ramas *interoceptivas* de los nervios periféricos y la información se traslada de regreso al interior del cráneo hasta llegar al cerebro visceral, que se sincroniza con la actividad neuropsicológica de la visión, la audición, el tacto, la memoria y la imaginación: esto dota de valor emocional a la lectura... mi organismo enlaza las fuentes de información externas y las internas para generar una conciencia corporal del poema, si se me permite la expresión. Las metáforas me provocan una apertura semántica, y se forman intuiciones y nuevos conceptos que reverberan en mi consciencia. Al leer soy consciente del plano sensorial, de la experiencia imaginativa y semántica, pero también de esa apertura conceptual hacia pensamientos hasta entonces desconocidos. Me distraigo por momentos y aunque veo las letras, aparece la figura de mi padre en la memoria: puedo verlo en la terraza de nuestro hogar, junto a la mesa, durante un amanecer poblado por el canto eufórico de los pájaros. Y entonces recita el poema: "Hay dulzura infantil en la mañana quieta; los árboles extienden sus brazos a la tierra...". También recuerdo la alegría infantil de mis hermanos y de mí mismo: nos reímos y temblamos al escuchar el encuentro desconcertante y cruel del caracol con los animales de la vereda.

En una pausa de la lectura surgen otros recuerdos, más recientes: mi padre, deteriorado por diez años de una lesión traumática que afectó su memoria, es capaz de seguir recitando todo el poema, a la menor provocación, y lo hace, como antes, al llegar a la terraza para desayunar con nosotros, mientras se desplaza por el piso rojo, entre el escándalo de los pájaros. Y estas fugas de la memoria ocurren cuando sueño despierto: son efectos de la lectura que reactivan esa disposición al juego que enlaza a nuestra familia: el juego musical, imaginativo, de las palabras. Las evocaciones aparecen y desaparecen, y se fusionan en la experiencia estética global, que sucede como una progresión rítmica: es un conjunto de pautas temporales donde las fuentes de la experiencia se integran como instrumentos de una obra musical: las claves visuales, táctiles, acústicas, propioceptivas, interoceptivas; las referencias culturales, la apertura semántica frente a las metáforas, la reminiscencia de otros diálogos, la interrogación existencial, los sentimientos de exaltación y asombro... Llaman gente a la iglesia, escribió García Lorca. "Y el caracol, pacífico burgués de la vereda, aturdido e inquieto, el paisaje contempla".

¿La literatura puede surgir, como el delirio, de un anhelo de certeza? Escribo la pregunta otra vez: ¿las intuiciones poéticas de la literatura pueden aparecer a la manera de patrones creativos, emergentes, durante una transformación personal anclada en el desajuste del mundo? Y, ¿se trata de un recurso para recuperar el sentido vital, en tiempos de caos intelectual y afectivo? Algunas obras artísticas sugieren una hipótesis, que podría aplicarse tal vez a la literatura y a la psicoterapia: mediante el artificio literario, el narrador logra comunicar sus propios momentos de incertidumbre y concibe la transición hacia una "certeza débil" y razonable que reconoce su vulnerabilidad, o hacia una "certeza invulnerable" que se afirma para olvidar el dolor de la crisis, aun al precio de distorsionar los hechos.

En su novela *La mujer del pelo rojo*, Orhan Pamuk nos presenta una historia que surge de la deserción patriarcal, y de las fracturas sociales y geológicas.[13] Un revolucionario frívolo y mujeriego abandona a su familia a finales del siglo xx, en Turquía. Su hijo, llamado Cem, debe pagar los estudios universitarios y encuentra trabajo con un maestro pocero que lo lleva a un pueblo afuera de Estambul. Deben cavar un pozo para encontrar agua en una ladera pedregosa. Si lo logran, el pueblo alcanzaría la prosperidad, a través de la industria y el empleo. No disponen de tecnología para saber en dónde hay agua o para excavar el terreno. El diagnóstico depende de la intuición y la experiencia del maestro pocero, pero eso significa cavar mucho tiempo, sin garantías, y mientras pasan las semanas, la colaboración se transforma en un acto de fe. El tiempo transcurre en forma muy distinta para quien está abajo, cavando el pozo, y para quienes sacan, arriba, la arena y las rocas con un torno, una cuerda y una cubeta. En algún momento, el maestro y Cem están solos y el trabajo se vuelve agotador. En tales condiciones, tomar una bebida turca en el pueblo es embriagante y liberador, pero Cem y su maestro comienzan a enamorarse de una actriz madura, de cabello rojo, que presenta con su compañía teatral una antigua obra persa: es la historia de Rostam, que narra el combate

151

entre un padre y su hijo, como sucede en el mito de Edipo, quien se arranca los ojos, arrepentido, tras cometer el parricidio. En el poema de Rostam —un espejo invertido frente al mito edípico— el padre mata al hijo y prolonga el orden patriarcal.

Los mitos rectores de Oriente y Occidente son el punto de partida para la construcción de una simbología: en la novela de Pamuk se traza una figura con la ausencia del padre revolucionario, la presencia del maestro pocero y el enigma de la mujer de pelo rojo. Cem es joven y entusiasta, pero la excavación y el trasfondo simbólico lo llevan más allá de su resistencia psicológica. Si el ayudante, arriba del pozo, suelta el cubo lleno de arena y roca en un momento de debilidad, puede matar a la persona que cava debajo. Cem podría matar a su maestro o podría morir sepultado. Adentro del pozo, veinticinco metros bajo tierra, emergen sentimientos de abandono, terror y la noción del tiempo se trastoca. Una noche, mientras recorre los elevados terrenos baldíos en busca de la excavación, con una copa de más de la bebida turca, el raki, el joven Cem confirma su vocación literaria: "En el camino de regreso, al subir la cuesta del cementerio, sentía como si cada estrella del cielo fuera un pensamiento, un momento, un hecho, un recuerdo en mi cabeza. Uno podía verlos en su conjunto, pero no podía pensar en todos ellos a la vez. Era como si las palabras que almacenaba en mi mente no alcanzaran para describir todas las imágenes acumuladas".

La introspección de Cem nos muestra un estado de perplejidad: las emociones lo desbordan. A pesar de ser un hombre inteligente, hay demasiados vectores narrativos encima de su cabeza, como una espada de Damocles que no indica aún si la historia futura será trágica o cómica. El abandono del padre nos dispone a la tragedia, pero la vitalidad juvenil de Cem provoca atisbos genuinos de esperanza. Mediante el firme anhelo de vivir bien, ¿podrá atenuar la influencia de los mitos de origen sobre su historia personal? Hoy, el drama de Edipo y el poema de Rostam son fuerzas simbólicas tan poderosas como lo fueron en la antigüedad, cuando el teatro griego formulaba una concepción trágica del destino. ¿Cuál es el lugar del libre albedrío en un escenario dominado por estructuras mitológicas impersonales?

Cem no visualiza el entramado completo del cual forma parte. Sólo acierta a proponer una metáfora: la psique es como el cielo nocturno, despejado; los elementos de la conciencia son como estrellas; es posible mirar el firmamento en su conjunto, pero es imposible pensar en cada una de las estrellas al mismo tiempo. La conciencia unifica la experiencia de amplias constelaciones de ideas, intenciones, sentimientos, pero no es posible pensar en cada elemento de la mente en forma simultánea.

Cem está perplejo ante la contemplación de la totalidad, pero no puede comunicar esta experiencia. "Las palabras se quedaban cortas para expresar lo que sentía. Percibía el universo entero, pero resultaba más difícil pensar en cada una de sus partes. Por eso quería ser escritor". Aturdido ante la multitud innumerable de elementos en la conciencia, elige la vocación literaria. Piensa que así podrá articular de manera comprensible su visión: la metáfora celeste de la psique es una aproximación intuitiva a su condición existencial, pero esta metáfora revela una dimensión problemática. Cem desconoce aún el vórtice de las emociones destructivas que se ciernen sobre él y que podrían manifestarse algunos días, meses o años después. Los mitos fundacionales de Grecia y Persia lo condenan a matar o morir: las relaciones entre hijos y padres son jerárquicas, territoriales y están ensangrentadas por la voluntad de poder, pero él no está pensando en la dimensión mítica de su vida: más bien la pone en escena. Por eso necesita la escritura: trata de reconocer las constelaciones que forman su estructura psíquica, quiere nombrarlas y reflexionar acerca de su trayectoria psicológica. La escritura podría ser su herramienta para cumplir el mandato del oráculo: entender la materia oscura de la psique descubierta al comunicarse consigo mismo.

Pienso en todo esto mientras camino bajo el monte Parnaso. El atardecer ha iluminado con notas fugaces la piel de esta gigantesca formación rocosa y la ha dotado de tonos rojizos, amarillos; al final ha vuelto a su naturaleza blanca y pedregosa. Las ruinas de Delfos se quedan solas. Los turistas se alejaron poco a poco, en autobuses, y el museo de la zona arqueológica está cerrado. Frente al paisaje nocturno, en las proximidades del oráculo, es posible comprender el pasmo de los jóvenes escritores que buscan las claves de su identidad en el mapa vivo del firmamento. La intuición de Pamuk ocurre a principios del siglo XXI; dos milenios antes, en el corazón de Roma, Cicerón expresaba una meditación similar, a propósito de Delfos: "Cuando el sabio observa y levanta su mirada hacia ese espectáculo o, mejor dicho, rodea con su mirada todas las partes y las zonas, ¡con qué tranquilidad de ánimo vuelve a someter las consideraciones humanas y terrestres".[14] Según el pensador romano, la contemplación nocturna y sus posibilidades de reflexión permiten al ser humano conocerse a sí mismo y alcanzar un sentimiento de unión con la divinidad.

Las palabras de Cicerón encuentran una resonancia inesperada en la tesis de un psiquiatra canadiense, Richard M. Burke, quien escribió a principios del siglo XX un libro titulado *La conciencia cósmica*, donde especula que algunos seres humanos, en virtud de un proceso evolutivo darwiniano, desarrollan un tipo de conciencia avanzada, cósmica, que les permite percibir en forma directa lo que otros intuyen mediante la fe: la unidad del universo como la han descrito los místicos.[15] Aunque la hipótesis de Burke es imposible de comprobar desde la perspectiva científica, la idea de una conciencia cosmológica es trabajada en forma más cuidadosa por el neurocientífico mexicano José Luis Díaz, en su libro *Frente al cosmos: esbozos de cosmología cognitiva*. Allí recupera el testimonio de astronautas que revelan estados de pasmo, sobrecogimiento y asombro al contemplar el espacio, afuera del planeta Tierra. ¿Cómo narrar este sentimiento? En la búsqueda de una terminología capaz de describir la experiencia de los astronautas, José Luis Díaz acude al concepto de lo numinoso —descrito como un "sentimiento terrible, oceánico y estético" por el teólogo de Marburgo, Rudolf Otto— y compara la vivencia de algunos astronautas en instantes privilegiados, con las experiencias fundadoras de las cosmovisiones míticas. En el Renacimiento, se buscaba la unidad entre el microcosmos y el macrocosmos: la psique y el universo. Pero el sentimiento de lo numinoso, desconocido para la mayoría de las personas, es motivo de mercadotecnia esotérica y comercio para las necesidades espirituales del nuevo milenio. ¿Existe alguna técnica cognitiva para desarrollar la conciencia cosmológica, dirigida a quienes no somos astronautas o visionarios místicos? *Frente al cosmos* pondera el valor de la técnica más simple, económica y desprovista de parafernalia mágica: "La contemplación perseverante del cielo en una noche despejada, y desde un paraje libre de contaminación lumínica suele ser una experiencia emotiva, estética y especulativa: nada menos que una conciencia cosmológica directa e inmediata".[16] En seguida el autor pasa de la experiencia individual a un problema práctico de las colectividades: "Miembros de la comunidad científica y académica, así como representantes de agencias y organizaciones internacionales, consideran que la opción a un cielo nocturno inmaculado que permita disfrutar la contemplación del firmamento en todo su esplendor debe considerarse un derecho inalienable de la humanidad". Quizá algún lector piensa que esta meditación literaria en torno al cosmos es un fuego fatuo, místico o estético. No podría criticarlo. Pero vale la pena considerar la pregunta: ¿cómo es el mundo social que necesitamos construir para defender el derecho igualitario y universal a la contemplación de un cielo abierto?

El efecto inspirador de los conocimientos astronómicos alivia el desencanto de nuestras sociedades. Desde el advenimiento de la teoría atómica, la física ha provocado revoluciones conceptuales en nuestra cultura, una tras otra. Las partículas elementales, el universo en expansión, el principio de incertidumbre: estas ideas han generado una nueva visión del mundo. Sin embargo, no podemos ver el referente de esos conceptos mediante la inspección cotidiana del mundo. La materia oscura del universo, por ejemplo, es invisible a nuestra mirada, y a cualquier forma de detección instrumental de la radiación electromagnética. El razonamiento lógico y matemático nos permite inferir su existencia, a partir de los efectos gravitacionales en la materia visible. ¿Esto podría servir como analogía para entender el subsuelo de la creación artística?

Las ciencias neurológicas nos muestran que hay procesos fisiológicos ocultos a la conciencia; están atrás de la cámara lúcida de la subjetividad, pero ejercen efectos en nuestra conducta. Aunque la teoría psicoanalítica abusó en su momento de la especulación, tuvo el mérito de plantear que, bajo la vivencia cotidiana, hay una organización psíquica oculta a la introspección ingenua y que la herramienta clínica indispensable para acceder a ese estrato inconsciente es la actitud de escucha. Hoy en día disponemos de herramientas experimentales para investigar el estrato inconsciente de la cognición humana, pero no es excesivo decir que, en general, los médicos subestiman la necesidad de escuchar a sus pacientes.

En sus instrucciones para afrontar con serenidad los asuntos terrenales, Cicerón afirma que atender al cielo nocturno de manera consciente nos da atisbo de la mente divina, lo cual otorga tranquilidad para atender las cosas mundanas. En *La mujer del pelo rojo*, y aquí, en las ruinas de Delfos, no hay una divinidad con la cual sincronizarse; se perdió la posibilidad del lamento o la súplica a los dioses; no queda siquiera la rabia de un teocidio filosófico. La contemplación del paisaje estelar no es un camino a la armonía religiosa. Una fractura ha quedado inscrita en nuestra conciencia. No se trata, como en Nietzsche, de una ruptura entre la humanidad y sus deidades, sino de una dislocación entre la visión de la totalidad y el entendimiento de sus elementos. La mente divina no ocupa un lugar en el pensamiento científico, pero hay una nostalgia del absoluto, una añoranza de la capacidad humana para abarcar la totalidad del cosmos con la mirada o la totalidad de la psique mediante la atención consciente. El cielo nocturno es una metáfora de lo mental, pero la validez de la figura de estilo se basa en el hecho de que nuestro conocimiento de ambas realidades es imperfecto. El cosmos se parece a la psique, en el sentido de que ambas dimensiones de la experiencia se despliegan sin límites definidos cuando pasamos de la intuición al análisis. Para reestablecer el puente entre la intuición de lo absoluto y el conocimiento de sus elementos dispersos, algunos elegimos la tarea de escribir. Frente al cielo nocturno, tenemos revelaciones auténticas, pero no se trata del acceso a un saber omnisciente o a una fusión extática con la divinidad. La revelación consiste en una conciencia justa de nuestra ignorancia. "El que es sabio no sabe", decía Lao Tse. En su ensayo *Contra la imagen*, Cioran habló de su anhelo de superar los simulacros generados por la imagen o la palabra, y de alcanzar una ignorancia iluminada, transluminosa. Y al final de su autobiografía, tras ocho décadas centradas en descifrar los engaños de la psique, el doctor Carl Gustav Jung escribió que se le había revelado de pronto "una súbita ignorancia de sí mismo".

Quizá la conciencia justa de nuestra ignorancia es la primera parada del camino que comienza en Delfos y se extiende a toda la Tierra. ¿Es el peldaño necesario para desarrollar la metaconciencia? Sin el reconocimiento de los errores, somos presas del fanatismo y la soberbia. En el terreno clínico, perder la metacognición tras una lesión cerebral, o como resultado de variaciones problemáticas del neurodesarrollo, puede conducir a la formación de ideas delirantes. Hace muchos años, cuando estudié la residencia en psiquiatría, escuché la etimología de esa palabra latina, delirio, "delirium, delirare", "alejarse del surco". La metáfora agrícola nos ayuda a comprender la experiencia de separación que sobreviene al salir del camino central de los comportamientos: hay un extrañamiento en el sujeto delirante y en el individuo creativo, que puede hermanarlos en la tensión de las minorías. Alejarse de la corriente central de las subjetividades implica el riesgo de perderse o de ser apartado. Pero pueden abrirse surcos hacia la fuente de las imágenes, hacia nuevas metáforas que renueven el sentido colectivo. La creatividad no es el privilegio de unos cuantos: es la oportunidad de cada quien para convertir el día en un espacio de goce y reconciliación, para incluir en el juego a los seres marginales. Vivimos en la epidemia del desencanto: un ambiente gris ha caído sobre nosotros y nos impide mirar el cielo. Quizá es el humo formado por la mitología de la guerra; no puede removerse si insistimos en una vigilia sin fin. La ciencia neural nos regala una imagen: la actividad fisiológica del alertamiento genera desechos que deben removerse, pero el aclaramiento metabólico requiere del sueño.[17] La melancolía también nos pide cerrar los ojos y tomar un descanso en la corriente nocturna de la naturaleza. Quizá podemos entender el trabajo de la naturaleza, que forma vida a partir de la descomposición orgánica, como una metáfora del proceso literario: el valor de las artes narrativas, su capacidad para llevarnos más allá de la automatización, depende de una composta psicológica que se concibe lentamente, mediante ciclos de silencio y lenguaje, de aprendizaje y contemplación. Necesitamos historias para dar sentido a los fragmentos del presente, mediante el aprendizaje colectivo. Y la atención consciente dedicada a los relatos ajenos nos permite sincronizar los tiempos del corazón para jugar con las perspectivas centradas en sí mismo y en el otro. Así puede concebirse el surgimiento de la empatía, siguiendo los pasos de Edith Stein: es el reconocimiento pleno de la conciencia ajena, con su propia autonomía afectiva. ¿De qué otra forma podemos comprendernos? La experiencia literaria nos lleva al espacio de la libertad creativa, donde la materia dura de lo real es trabajada lenta y cariñosamente por la imaginación. El mundo que emerge de esa experiencia no es un escenario brutal donde los individuos están confinados bajo la ley del más fuerte, pero tampoco es una fuga a la fantasía burguesa o al sueño americano. Es un ajuste de cuentas maduro entre la imaginación literaria y la realidad.

Referencias bibliográficas

Biografía de la melancolía

1 Robert Graves, *El vellocino de oro*, Barcelona: Edhasa, 1998.
2 OMS, "Depresión", en *who.int*, <https://www.who.int/es/news-room/fact-sheets/detail/depression>.
3 Cicerón, *Obras filosóficas II*, Barcelona: Gredos, 1982.
4 Marija Gimbutas, *The Language of the Goddess: Unearthing the Hidden Symbols of Western Civilization*, San Francisco, Harper & Row, 1989.
5 Paul Ricoeur, *Freud: una interpretación de la cultura*, Ciudad de México: Siglo XXI, 1970.
6 Roger Bartra, *La melancolía moderna*, Ciudad de México: Fondo de Cultura Económica, 2017.
7 OMS, "Preventing Suicide: A Global Imperative", Genova, Publications of the World Health Organization, 2014.
8 Paul Ricoeur, *op. cit.*
9 Robert Graves, *op. cit.*
10 *Idem.*
11 Jesús Ramírez-Bermúdez y Ana Luisa Sosa Ortiz, *Principios de neuropsiquiatría: abordaje de los síndromes neuropsiquiátricos*, Guadalajara: Asociación Psiquiátrica Mexicana, 2018.
12 Robert Graves, *Los mitos griegos*, volumen 2, Madrid: Alianza Editorial, 1985.

13   Aristóteles, *El hombre de genio y la melancolía (Problema XXX)*, Barcelona: Acantilado, 2007.

14   Virgina, Woolf, *Estar enfermo*, Ciudad de México: Universidad Nacional Autónoma de México, 2007.

15   Robert Graves, *El vellocino de oro*, Barcelona: Edhasa, 1998.

16   *Idem.*

17   *Idem.*

18   Alexander Todorov, Susan Fiske y Deborah Prentice, *Social Neuroscience: Toward Understanding the Underpinnings of the Social Mind*, Nueva York: Oxford University Press, 2011.

19   Vassilis Kapsambelis, *Términos psiquiátricos de origen griego,* Ciudad de México: Palabras y Plumas Editores, 2016.

20   Philip C. Grammaticos y Aristidis Diamantis, "Useful Known and Unknown Views of the Father of Modern Medicine, Hippocrates and His Teacher Democritus", Hellenic Journal of Nuclear, 2008, ene-abr, 11(1): 2-4.

21   *Idem.*

22   Tomislav Breitenfeld, Miljenka-Jelena Jurasic y Darko Breitenfeld, "Hippocrates: The Forefather of Neurology", *Neurological Sciences*, 2014, julio, 35(9): 1349-1352.

23   *Idem.*

24   *Idem.*

25   Philip C. Grammaticos, *op. cit.*

26   Germán E. Berrios, VII Lección Magistral Andrés Laguna 2018, <https://www.youtube.com/watch?v=LPbeacaz- CU&t=4341s&ab_channel=FundaciónLilly>.

27   *Idem.*

28   Vassilis Kapsambelis, *op. cit.*

29   Vicente Domínguez García, Sobre la "melancolía" en Hipócrates, *Psicothema*, 1991,3(3): 259-267.

30   Hipócrates, *Tratados,* Barcelona: Gredos, 1982.

31   Vicente Domínguez García, *op. cit.*

32   American Psychiatric Association – APA, *Manual diagnóstico y estadístico de los trastornos mentales DSM-5*, 2013, <https://doi.org/10.1017/CBO9781107415324.004>.

[33] Vicente Domínguez García, *op. cit.*

[34] Germán E. Berrios, "Melancholia and Depression During the 19th Century: A Conceptual History", *British Journal of Psychiatry*, 1988,153: 298-304.

[35] Roger Bartra, *Cultura y melancolía*, Barcelona: Anagrama, 2001.

[36] Robert Burton, *Anatomía de la melancolía*, Madrid: Alianza Editorial, 2015.

[37] *Idem.*

[38] Francisco Gonzalez-Crussí, "Prólogo", en Jesús Ramírez-Bermúdez, *Breve diccionario clínico del alma*, Ciudad de México: Debate, 2010.

[39] Philip C. Grammaticos, *op. cit.*

[40] Tomislav Breitenfeld, *op. cit.*

[41] Jesús Ramírez-Bermúdez, *Depresión: La noche más oscura*, Ciudad de México: Debate, 2020.

[42] Halit Diri, Zuleyha Karaca, Fatih Tanriverdi, Kursad Unluhizarci y Fahrettin Kelestimur, "Sheehan's Syndrome: New Insights Into an Old Disease", *Endocrine*, 2016, 51(1): 22-31.

[43] Andrea Danese, Terrie E. Moffitt, *et. al.*, "Adverse Childhood Experiences and Adult Risk Factors for Age-Related Disease: Depression, Inflammation, and Clustering of Metabolic Risk Markers", *Archives of Pediatrics & Adolescent Medicine*, 2009, <https://doi.org/10.1001/archpediatrics.2009.214>.

[44] Margaret A. Sheridan y Katie A McLaughlin, "Dimensions of Early Experience and Neural Development: Deprivation and Threat", *Trends in Cognitive Sciences*, 2014,18(11): 580-585.

[45] *Idem.*

[46] Jesús Ramírez-Bermúdez y Ana Luisa Sosa Ortiz, *op. cit.*

[47] Paul Ricoeur, *Finitud y culpabilidad*, Madrid: Taurus, 1969.

[48] Aristóteles, *op. cit.*

[49] *Idem.*

[50] Andrea Danese, Terrie E. Moffitt, *et. al.*, *op. cit.*

[51] Robert Burton, *op. cit.*

[52] Sófocles, *Siete tragedias*, Ciudad de México: Editores Mexicanos Unidos, 1989.

53   Nancy C. Andreasen, "Creativity and Mental Illness: Prevalence Rates in Writers and Their First-Degree Relatives", *The American Journal of Psychiatry*, 1987, <https://doi: 10.1176/ajp.144.10.1288>.

54   Kay Redfield Jamison, "Mood Disorders and Patterns of Creativity in British Writers and Artists", *Psychiatry*, 1989, <https://doi.org/10.1080/00332747.1989.11024436>.

55   Karl Jaspers, *Genio artístico y locura. Strindberg y Van Gogh*, Barcelona: Acantilado, 2017.

56   Marcelo Miranda y M. Leonor Bustamante C., "The Influence of Madness in the Literary Production of Gerard de Nerval", *Revista Médica de Chile*, 2010, 138(1): 117-23.

57   Allan Beveridge, "The Madness of Gerard de Nerval", *Medical Humanities*, 2014, 40(1): 38-43, <http://dx.doi.org/10.1136/medhum-2013-010445>.

58   *Idem.*

59   Allan Beveridge, "The Madness of Gerard de Nerval", *Medical Humanities*, 2014, 40(1): 38-43. <http://dx.doi.org/10.1136/medhum-2013-010445>.

60   *Idem.*

Delirios melancólicos

1   Ernestina Jiménez Olivares, *Psiquiatría e Inquisición. Procesos a enfermos mentales*, Ciudad de México: Facultad de Medicina / Universidad Nacional Autónoma de México, 1992.

2   *Idem.*

3   María Cristina Sacristán, *Locura e Inquisición en Nueva España, 1571-1760*, Ciudad de México: Fondo de Cultura Económica, 1992.

4   Carlos Viesca Treviño, *Medicina prehispánica de México*, Ciudad de México: Panorama, 1998.

5   *Idem.*

6   *Idem.*

7   María Cristina Sacristán, *op. cit.*

8   Ernestina Jiménez Olivares, *op. cit.*

[9] *Idem.*

[10] María Cristina Sacristán, *op. cit.*

[11] Ernestina Jiménez Olivares, *op. cit.*

[12] *Idem.*

[13] *Idem.*

[14] Germán E. Berrios y Filiberto Fuentenebro de Diego, *Delirio: Historia, Clínica, Metateoría*, Madrid: Trotta, 1996.

[15] Ernestina Jiménez Olivares, *op. cit.*

[16] Roger Bartra, *Territorios de la otredad y el terror*, Ciudad de México: Fondo de Cultura Económica, 2013.

[17] Roger Bartra, *Cultura y melancolía*, Barcelona: Anagrama, 2001.

[18] Ernestina Jiménez Olivares, *op. cit.*

[19] Roger Bartra, *Territorios de la otredad y el terror*, Ciudad de México: Fondo de Cultura Económica, 2013.

[20] Germán E. Berrios, *La historia de los síntomas de los trastornos mentales. La psicopatología descriptiva desde el siglo XIX*, Ciudad de México: Fondo de Cultura Económica, 2008.

[21] Jesús Ramírez-Bermúdez, *op. cit.*

[22] Ernestina Jiménez Olivares, *op. cit.*

[23] Roger Bartra, *op. cit.*

[24] Roger Bartra, *Cultura y melancolía*, Barcelona: Anagrama, 2001.

[25] Roger Bartra, *La melancolía moderna*, Ciudad de México: Fondo de Cultura Económica, 2017.

[26] Ravindra K. Garg R, "Spectrum of Neurological Manifestations in Covid-19: A Review", *Neurology India*, 2020, 68(3): 560-572, <https://doi.org/10.4103/0028-3886.289000>.

[27] Roger Bartra, *op. cit.*

[28] Octavio Paz, *Sor Juana Inés de La Cruz o las trampas de la fe*, Ciudad de México: Fondo de Cultura Económica, 1983.

[29] María Zambrano, *Filosofía y poesía*, Ciudad de México: Fondo de Cultura Económica, 1939.

[30] Jesús Ramírez-Bermúdez, Luis C. Aguilar-Venegas, Daniel Crail-Meléndez, Mariana Espínola-Nadurille, Francisco Nente y Mario F. Méndez Cotard, "Syndrome in Neurological and Psychiatric Patients",

The Journal of Neuropsychiatry and Clinical Neurosciences, 2010, 22(4): 409-416, <https://doi.org/10.1176/appi.neuropsych.22.4.409>.
31 Emil Kraepelin, *La locura maníaco-depresiva*, Madrid: Ergon, 2013.
32 *Idem.*
33 Emil Cioran, *Contra la historia*, Barcelona: Tusquets Editores, 1976.
34 *Idem.*
35 Jules Cotard y Jules Seglas, *Delirios melancólicos: Negación y enormidad*, Madrid: Ergon, 2009.

Anamnesis creativa: la transmutación artística de la melancolía

1 Julia Kristeva, *Sol negro. Depresión y melancolía*, Caracas: Monte Ávila, 1997.
2 *Idem.*
3 Jean Laplanche, Jean-Bertrand Pontalis y Daniel Lagache, *Diccionario de Psicoanálisis*, Buenos Aires: Paidós, 2004, <https://doi.org/10.1017/CBO9781107415324.004>.
4 Jean Laplanche, Jean-Bertrand Pontalis y Daniel Lagache, *op. cit.*
5 Carl Gustav Jung, *Recuerdos, sueños, pensamientos*, Ciudad de México: Seix Barral, 2001.
6 Paul Ricoeur, *op. cit.*
7 Marija Gimbutas, *op. cit.*
8 William Beecher Scoville y Brenda Milner, "Loss of Recent Memory After Bilateral Hippocampal Lesions", *Journal of Neurology, Neurosurgery & Psychiatry*, 1957, 20(1): 11-21, <https://doi.org/10.1136/jnnp.20.1.11>.
9 Wilder Penfield y Brenda Milner, "Memory Deficit Produced by Bilateral Lesions in the Hippocampal Zone", *Archives of Neurology & Psychiatry*, 1958, 79(5): 475-497, <https://doi.org/10.1001/archneurpsyc.1958.02340050003001>.
10 Eric R. Kandel, James H. Schwartz, Thomas M. Jessel, Steven a. Siegelbau, y A. J. Hudspeth, *Principles of Neural Science*, Michigan, McGraw-Hill Medical, 2014.

[11] Richard I. Evans, *The Making of Psychology*, Nueva York: Alfred A. Knopf, 1976.

[12] Antonio Damasio, *The Feeling of What Happens*, Boston: Mariner Books,1999.

[13] Klaus D. Hoppe y Joseph E. Bogert, "Alexithymia in Twelve Commissurotomized Patients", *Psychotherapy and Psychosomatics*, 1977, 28(1-4): 148-155, <https://doi.org/10.1159/000287057>.

[14] Michael S. Gazzaniga, *Tales from Both Sides of the Brain: A Life in Neuroscience*, Nueva York: Harper Collins Publishers, 2015.

[15] *Idem.*

[16] Antonio Damasio, *op. cit.*

[17] Germán E. Berrios, *op. cit.*

[18] Germán E. Berrios, "Confabulations: A Conceptual History", *Journal of the History of the Neurosciences*, 1998, 7(3): 225-241, <https://doi.org/10.1076/jhin.7.3.225.1855>.

[19] Julia Kristeva, *op. cit.*

[20] Roger Bartra, *Cerebro y libertad: Ensayo sobre la moral, el juego y el determinismo*, Ciudad de México: Fondo de Cultura Económica, 2013.

El precio a pagar por tener lenguaje

[1] Fernando Pessoa, *Escritos sobre genio y locura*, Barcelona: Acantilado, 2013.

[2] Karl Jaspers, *op. cit.*

[3] Peter K. Carpenter, "Descriptions of Schizophrenia in the Psychiatry of Georgian Britain: John Haslam and James Tilly Matthews", *Comprehensive Psychiatry*, 1989, 30(4): 332-338, <https://doi.org/10.1016/0010-440X(89)90058-8>.

[4] *Idem.*

[5] *Idem.*

[6] *Idem.*

[7] American Psychiatric Association – APA, *op. cit.*

[8] Pablo Armando Berrettoni, "Cronología histórica de los conceptos clínicos sobre esquizofrenia. Parte 1", *Alcmeon*, 1990, 1: 59-77.

9   *Idem.*

10 Jose Fernando Muñoz Zúñiga, Jesús Ramírez-Bermúdez, José de Jesús Flores Rivera y Teresa Corona, "Catatonia and Klüver-Bucy Syndrome in a Patient With Acute Disseminated Encephalomyelitis", *The Journal of Neuropsychiatry and Clinical Neurosciences,* 2015, 27(2), <https://doi.org/10.1176/appi.neuropsych.14060120>.

11 Andrés Felipe Pérez-González, Mariana Espínola-Nadurille y Jesús Ramírez-Bermúdez, "Catatonia and Delirium: Syndromes That May Converge in the Neuropsychiatric Patient", *Revista Colombiana de Psiquiatría,* 2017, 46: 2-8. <https://doi.org/10.1016/j.rcp.2017.05.009>.

12 Mariana Espínola-Nadurille, Jesús Ramírez-Bermúdez, Gregory L. Fricchione, M. Carmen Ojeda-López, Andrés F. Pérez-Gonzále y Luis C. Aguilar-Venegas, "Catatonia in Neurologic and Psychiatric Patients at a Tertiary Neurological Center", *The Journal of Neuropsychiatry and Clinical Neurosciences,* 2016, 28(2): 124-130, <https://doi: 10.1176/appi.neuropsych.15090218>.

13 Ewald Hecker y Abdullah Kraam, "Syndromes That May Converge Hebephrenia. A Contribution to Clinical Psychiatry' by Dr. Ewald Heckerin Gorlitz. 1871", *History of Psychiatry,* 2009, 20(77 Pt 1): 87-106.

14 Germán E. Berrios, Rogelio Luque y José M. Villagrán, "Schizophrenia: A Conceptual History", *International Journal of Psychology and Psychological Therapy,* 2003,2(3): 111-140.

15 Rodrigo Garnica, *El botánico del manicomio,* Ciudad de México: Salvat, 1997.

16 Germán E. Berrios, Rogelio Luque y José M. Villagrán, *op. cit.*

17 Helm Stierlin, "Bleuler's Concept of Schizophrenia: A Confusing Heritage", *American Journal of Psychiatry,* 1967,123(8): 996-1001, <https://doi.org/10.1176/ajp.123.8.996>.

18 Carl Gustav Jung, *op. cit.*

19 *Idem.*

20 *Idem.*

21 Germán E. Berrios, Rogelio Luque y José M. Villagrán, *op. cit.*

[22] Eugen Bleuler, "Esquizofrenia", en Francois-Regis Cousin, Jean Garrabé y Denis Morozov (eds.), *Anthology of French Language Psychiatric Texts*, Institut d'edition, 1999.

[23] *Idem.*

[24] *Idem.*

[25] *Idem.*

[26] *Idem.*

[27] Robyn Honea, Tim J. Crow, Dick Passingham y Clare E. Mackay, "Regional Deficits in Brain Volume in Schizophrenia", *American Journal of Psychiatry*, 2000,i(12): 2233-2245, <https://doi.org/10.1176/appi.ajp.162.12.2233>.

[28] Eugen Bleuler, *op. cit.*

[29] *Idem.*

[30] Germán E. Berrios, Rogelio Luque y José M. Villagrán, *op.cit.*

[31] Nuno Rodrigues-Silva, Telma Falcão de Almeida, Filipa Araújo, Andrew Molodynski, Ângela Venâncio y Jorge Bouça, "Use of the Word Schizophrenia in Portuguese Newspapers", *Journal of Mental Health*, 2017,26(5): 426-430, <https://doi.org/10.1080/09638237.2016.1207231>.

[32] Germán E. Berrios, Rogelio Luque y José M. Villagrán, *op. cit.*

[33] Kurt Schneider, *Patopsicología clínica*, Madrid: Paz Montalvo, 1970.

[34] Enric J. Novella y Rafael Huertas, "El síndrome de Kraepelin-Bleuler-Schneider y la conciencia moderna: Una aproximación a la historia de la esquizofrenia", *Clínica y Salud*, 2010, 21(3): 205-219. <https://doi.org/10.5093/cl2010v21n3a1>.

[35] Kurt Schneider, *op. cit.*

[36] Jesús Ramírez-Bermúdez, *Breve diccionario clínico del alma*, Ciudad de México: Debate, 2006.

[37] Tuukka T Raij, Minna Valkonen-Korhonen, Matti Holi, Sebastian Therman, Johannes Lehtonen y Riitta Hari, "Reality of Auditory Verbal Hallucinations", *Brain*, 2009,132(11): 2994-3001, <https://doi.org/10.1093/brain/awp186>.

[38] *Idem.*

[39] *Idem.*

[40] Muhammad Farid Abdul-Rahman, Anqi Qiu, Puay San Woon, Carissa Kuswanto, Simon L. Collinson y Kang Sim, "Arcuate Fasciculus Abnormalities and Their Relationship With Psychotic Symptoms in Schizophrenia", *PLoS One*, 2012,7(1), <https://doi.org/10.1371/journal.pone.0029315>.

[41] Nancy C. Andreasen, "A Unitary Model of Schizophrenia. Bleuler's "Fragmented Phrene" as Schizencephaly", *Archives of General Psychiatry*, 1999, <https://doi.org/10.1001/archpsyc.56.9.781>.

[42] Nancy C. Andreasen, Sergio Paradiso y Daniel S. O'Leary, "Cognitive Dysmetria" as an Integrative Theory of Schizophrenia: A Dysfunction in Cortical-Subcortical-Cerebellar Circuitry?", *Schizophrenia Bulletin,* 1998. <https://doi.org/10.1093/oxfordjournals.schbul.a033321>

[43] Michael S. Gazzaniga, *Tales from Both Sides of the Brain: A Life in Neuroscience*, Nueva York: Harper Collins Publishers, 2015.

[44] Germán E. Berrios, "Confabulations: A Conceptual History", *Journal of the History of the Neurosciences*, 1998, 7(3): 225-241, <https://doi.org/10.1076/jhin.7.3.225.1855>.

[45] Timothy J. Crow, "Is Schizophrenia the Price That Homo Sapiens Pays for Language?", *Schizophrenia Research*, 1997, 19;28(2-3): 127-41, <https://doi.org/1016/S0920-9964(97)00110-2>.

[46] *Idem.*

[47] Nancy C. Andreasen, "Thought, Language, and Communication Disorders: I. Clinical Assessment, Definition of Terms, and Evaluation of Their Reliability", *Archives of General Psychiatry*, 1979, 36(12): 1315–1321, <https://doi.org/10.1001/archpsyc.1979.01780120045006>.

[48] Nancy C. Andreasen, "Thought, Language, and Communication Disorders: II. Diagnostic Significance", *Archives of General Psychiatry*, 1979, 36(12): 1325–1330, <https://doi.org/10.1001/archpsyc.1979.01780120055007>.

[49] Robyn Honea, Tim J. Crow, Dick Passingham y Clare E. Mackay, "Regional Deficits in Brain Volume in Schizophrenia", *American Journal of Psychiatry*, 2000 (12): 2233-2245, <https://doi.org/ 10.1176/appi.ajp.162.12.2233>.

[50] Karl Jaspers, *op. cit.*

51 Nancy C. Andreasen, "Creativity and Mental Illness: Prevalence Rates in Writers and Their First-Degree Relatives", *The American Journal of Psychiatry*, 1987, <https://doi: 10.1176/ajp.144.10.1288>.

52 Nancy C. Andreasen y Pauline S. Powers, "Creativity and Psychosis: An Examination of Conceptual Style", *Archives of General Psychiatry*, 1975, 32(1): 70–73, <https://doi.org/10.1001/archpsyc. 1975.01760190072008>.

53 Kurt Goldstein y Martin Scheerer, "Abstract and Concrete Behavior an Experimental Study With Special Tests", *Psychological Monographs*, 1941,53(2): i–151, <https://doi.org/10.1037/h0093487>.

54 Patrick J.Collins, Cathy P. Clark, Baron Shopsin, George Sakalis y Gregory Sathananthan, " The Object-Sorting Test as a Differential Diagnostic Tool", *Comprehensive Psychiatry*, 1975, 16(4): 391–397, <https://doi.org/10.1016/S0010-440X(75)80011-3>.

55 Nancy C. Andreasen y Pauline S. Powers, "Creativity and Psychosis: An Examination of Conceptual Style", *Archives of General Psychiatry*, 1975, 32(1): 70–73, <https://doi.org/10.1001/archpsyc. 1975.01760190072008>.

56 Nancy C. Andreasen, "The Relationship Between Creativity and Mood Disorders", Dialogues in Clinical Neuroscience, 2008, <https://doi.org/10.1177/001698627101500401>.

57 Nancy C. Andreasen, "Creativity and Mental Illness: Prevalence Rates in Writers and Their First-Degree Relatives", *The American Journal of Psychiatry*, 1987, <https://doi: 10.1176/ajp.144.10.1288>.

58 Frederick K. Goodwin y Kay Redfield Jamison, *Manic-Depressive Illness*, Nueva York: Oxford University Press, 1990.

59 *Idem.*

60 Kay Redfield Jamison, *op. cit.*

61 *Idem.*

62 Frederick K. Goodwin y Kay Redfield Jamison, *op. cit.*

63 Rodrigo Garnica, *El botánico del manicomio,* Ciudad de México: Salvat, 1997.

64 Emil Kraepelin, *La locura maníaco-depresiva*, Madrid: Ergon, 2013.

65 *Idem.*

66 *Idem.*

67 *Idem.*

68 *Idem.*

69 *Idem.*

70 Esteban García-Albea Ristol, "Aretaeus of Cappadocia (2nd Century Ad) And the Earliest Neurological Descriptions", *Revista de Neurología*, 2009, 48(6): 322-327, <https://doi.org/10.33588/rn.4806.2008448>.

71 Juan José López-Ibor, Michael G. Gelder y Nancy Andreasen, *Tratado de psiquiatría*, Madrid: Ars Médica, 2003.

72 *Idem.*

73 Germán E. Berrios, *La historia de los síntomas de los trastornos mentales. La psicopatología descriptiva desde el siglo XIX*, Ciudad de México: Fondo de Cultura Económica, 2008.

74 *Idem.*

75 Emil Kraepelin, *La locura maníaco-depresiva*, Madrid: Ergon, 2013.

76 *Idem.*

77 Kay Redfield Jamison, *Touched With Fire: Manic-Depressive Illness and the Artistic Temperament*, Nueva York: The Free Press, 1993.

78 Martin Prince, Vikram Patel, Shekhar Saxena, Mario Maj, Joanna Maselko, Michael R Phillips y Atif Rahman, "No Health Without Mental Health", *Lancet*, 2007,370(9590): 859-877, <https://doi.org/ 10.1016/ S0140-6736(07)61238-0>.

79 Kay Redfield Jamison, *Touched With Fire: Manic-Depressive Illness and the Artistic Temperament*, Nueva York: The Free Press, 1993.

80 Héctor Pérez Rincón, *Eros y Psiqué. En las fronteras de la psicopatología y la creación*, Ciudad de México: Editores de Textos Mexicanos/ Facultad de Medicina, UNAM, 2006.

81 Emil Kraepelin, *La locura maníaco-depresiva*, Madrid: Ergon, 2013.

82 Patrick F. Sullivan, Mark J. Daly y Michael O'Donovan, "Genetic Architectures of Psychiatric Disorders: The Emerging Picture and Its Implications", Nature Reviews Genetics, 2012,13(8): 537-551, <https:// doi.org/10.1038/nrg3240>.

83 Rosa Aurora Chávez-Eakle, Ma. del Carmen Lara y Carlos Cruz-Fuentes, "Personality: A Possible Bridge Between Creativity and Psychopathology?", *Creativity Research Journal*, 2006,18(1): 27-38. <https://doi. org/10.1207/s15326934crj1801_4>.

[84] Jesús Ramírez-Bermúdez y Ana Luisa Sosa Ortiz, *op. cit.*

[85] Frederick K. Goodwin y Kay Redfield Jamison, *op. cit.*

[86] Rosa Aurora Chavez-Eakle, Ma. del Carmen Lara y Carlos Cruz-Fuentes, *op. cit.*

Veinte balas

[1] Francisco Javier Varela, "Neurophenomenology: A Methodological Remedy for the Hard Problem", *Journal of Consciousness Studies*, 1996;3(4): 330-349.

[2] Pauline Pérez, Jens Madsen, Leah Banellis, Başak Türker, Federico Raimondo, Vincent Perlbarg, Melanie Valente, Marie-Cécile Niérat, Louis Puybasset , Lionel Naccache, Thomas Similowski, Damian Cruse, Lucas C. Parra, Jacobo D. Sitt, "Conscious Processing of Narrative Stimuli Synchronizes Heart Rate Between Individuals", *Cell Reports*, 2021;36(11): 109692. <https://doi.org/10.1016/j.celrep.2021.109692>.

[3] Jesús Ramírez-Bermúdez y Ana Luisa Sosa Ortiz, *op. cit.*

[4] Marchcelo Berthier, Sergio Starkstein y Ramon Leiguarda, "Asymbolia for Pain: A Sensory-Limbic Disconnection Syndrome", *Annals of Neurolology*, 1988, 24(1): 41-49, <https://doi.org/10.1002/ana.410240109>.

[5] Devin K. Binder, Karl Schaller y Hans Clusmann, "The Seminal Contributions of Johann-Christian Reil to Anatomy, Physiology, and Psychiatry", *Neurosurgery*, 2007, 61(5): 1091-1096, <https://doi.org/10.1227/01.neu.0000303205.15489.23>.

[6] Michiaki Nagai, Kishi Koichiro y Satoshi Kato, "Insular Cortex and Neuropsychiatric Disorders: A Review of Recent Literature", *European Psychiatry*, 2007, 22(6): 387-394, <https://doi.org/10.1016/j.eurpsy.2007.02.006>.

[7] Marchcelo Berthier, Sergio Starkstein y Ramon Leiguarda, "Asymbolia for Pain: A Sensory-Limbic Disconnection Syndrome", *Annals of Neurolology*, 1988, 24(1): 41-49, <https://doi.org/10.1002/ana.410240109>.

8   *Idem.*

9   Lucina Q. Uddin, "Salience Processing and Insular Cortical Function and Dysfunction", *Nature Reviews Neurosciences*, 2015, 16(1): 55-61, <https://doi.org/ 10.1038/nrn3857>. .

10 Hugo D. Critchley, Christopher J. Mathias y Raymond J. Dolan, "Neuroanatomical Basis for First- And Second-Order Representations of Bodily States", *Nature Neuroscience*, 2001, 4, 207–212, <https://dor.org/ 10.1038/84048>.

Experiencia literaria y dolor social

1   Roger Bartra, *El duelo de los ángeles*, Ciudad de México: Fondo de Cultura Económica, 2018.

2   Héctor Pérez Rincón, *Simbolexia. Ensayos sobre psicopatología e historia de la psiquiatría*, Ciudad de México: Asociación Psiquiátrica Mexicana, 2017.

3   Klaus D. Hoppe y Joseph E. Bogert, "Alexithymia in Twelve Commissurotomized Patients", *Psychotherapy and Psychosomatics*, 1977, 28(1-4): 148-155. <https://doi.org/10.1159/000287057>.

4   Peter Emanuel Sifneos, "Alexithymia and Its Relationship to Hemispheric Specialization, Affect, and Creativity", *Psychiatric Clinics of North America*, 1988,11(3): 287-292, <https://doi.org/10.1016/S0193-953X(18)30480-5>.

5   Héctor Pérez Rincón, *Simbolexia. Ensayos sobre psicopatología e historia de la psiquiatría*, Ciudad de México: Asociación Psiquiátrica Mexicana, 2017.

6   Peter Emanuel Sifneos, *op. cit.*

7   M. Marsel Mesulam, "Behavioral Neuroanatomy: Largescale Networks, Association Cortex, Frontal Syndromes, the Limbic System, and Hemispheric Specialization", *Principles of Behavioral and Cognitive Neurology*, 2000: 1-120.

8   Héctor Pérez Rincón, *op. cit.*

9   *Idem.*

10 *Idem.*

11 *Idem.*

12 *Idem.*

13 Rhawn Joseph, "The Neuropsychology of Development: Hemispheric Laterality, Limbic Language, and the Origin of Thought", *Journal of Clinical Psychology*, 1982, 38(1): 4-33, <https://doi.org/10.1002/1097-4679(198201)38: 1<4: aid-jclp2270380102>3.0.co;2-j>.

14 *Idem.*

15 M. Marsel Mesulam, "Attentional Networks, Confusional States, and Neglect Syndromes", en M. Marsel Mesulam (ed.), *Principles of Behavioral and Cognitive Neurology*, Nueva York: Oxford University Press, 2000, pp. 174–256.

16 Eric R. Kandel, James H. Schwartz, Thomas M. Jessel, Steven a. Siegelbau, y A. J. Hudspeth, *Principles of Neural Science*, Michigan, McGraw-Hill Medical, 2014.

17 Michel Jouvet, *El sueño y los sueños*, Ciudad de México: Fondo de Cultura Económica, 1993.

18 *Idem.*

19 Lucina Q. Uddin, *op. cit.*

20 Jean-Pierre Changeux y Paul Ricoeur, *What Makes Us Think? A Neuroscientist and a Philosopher Argue About Ethics, Human Nature, and the Brain*, Princeton, Princeton Papercacks, 2000.

21 Jesús Ramírez-Bermúdez y Ana Luisa Sosa Ortiz, *op. cit.*

22 M. Marsel Mesulam, "The Human Frontal Lobes: Transcending the Default Mode through Contingent Encoding", en Donald T. Stuss y Robert T. Knight, *Principles of Frontal Lobe Function*, Oxford Scholarship Online, 2009, <https://doi.org/10.1093/acprof: oso/9780195134971.003.0002>.

23 Rhawn Joseph, *op. cit.*

24 *Idem.*

25 Bénédicte De Boysson-Bardies, Nicole Bacri, Laurent Sagart y Michel Poizat, "Timing in Late Babbling", *Journal of Child Language*, 1981, 8: 525-539, <https://doi.org/10.1017/S030500090000341X>.

26 Rhawn Joseph, *op. cit.*

27 *Idem.*

28 *Idem.*

29 Brewster Ghiselin (ed.), *The Creative Process: Reflections on the Invention in the Arts and Sciences.* Berkeley, University of California Press, 1985.

30 Juan Villoro, *La utilidad del deseo,* Ensayos literarios, Barcelona: Anagrama, 2017.

31 Rosa Aurora Chávez-Eakle y Raúl Chávez-Sánchez, "Beyond Incubation: Creative Breakthroughs Associated With Sleep", *Sleep Medicine,* 2011, 12(4): 313-314,<https://doi.org/10.1016/j.sleep.2011.01.005>.

32 *Idem.*

33 Kenneth Goldsmith, *Escritura no-creativa: gestionando el lenguaje en la era digital,* Buenos Aires: Caja Negra, 2015.

34 Alexander Todorov, Susan Fiske y Deborah Prentice, *op. cit.*

35 Korbinian Brodmann, *Brodmann's Localization in the Cerebral Cortex,* Leipzig, Springer, 1994.

36 Brent A. Vogt, "Pain and Emotion Interactions in Subregions of the Cingulate Gyrus", *Nature Reviews Neuroscience,* 2005, 6(7): 533-544, <https://doi.org/10.1038/nrn1704>.

37 Marchcelo Berthier, Sergio Starkstein y Ramon Leiguarda, *op. cit.*

38 Lucina Q. Uddin, *op. cit.*

39 Matthew D. Lieberman, Naomi I. Eisenberger, Molly J. Crockett, Sabrina M. Tom, Jennifer H. Pfeifer y Baldwin M. Way, *op. cit.*

40 Roger Bartra, *Antropología del cerebro,* Ciudad de México: Fondo de Cultura Económica, 2007.

41 Antonio Damasio, *The Feeling of What Happens,* Boston: Mariner Books,1999.

42 Paula Rubio-Fernández y Sam Glucksberg, "Reasoning About Other People's Beliefs: Bilinguals Have an Advantage", *Journal of Experimental Psychology: Learning, Memory, and Cognition,* 2012, 38(1): 211-217, <https://doi.org/10.1037/a0025162>.

43 Cathy M. Grant, Andy Grayson y Jill Boucher, "Using Tests of False Belief with Children with Autism: How Valid and Reliable are they?", *Autism,* 2001, 5(2): 135-145, <https://doi.org/10.1177/1362361301005 002004>.

44 Shintaroa Takenoshita, Seishia Takenoshita, Osamua Yokota, Yumikob Kutoku, Yosukec Wakutani, Makotod Nakashima, Yohkoe Maki, Hideyukif Hattori y Norihitoa Yamada, "Sally-Anne Test in Patients

with Alzheimer's Disease Dementia", *Journal of Alzheimer's Disease*, 2018, 61(3): 1029-1036, <https://doi.org/10.3233/JAD-170621>.

[45] Paula Rubio-Fernández y Sam Glucksberg, *op. cit.*

[46] Matthew D. Lieberman, Naomi I. Eisenberger, Molly J. Crockett, Sabrina M. Tom, Jennifer H. Pfeifer y Baldwin M. Way, "Putting Feelings Into Words: Affect Labeling Disrupts Amygdala Activity in Response to Affective Stimuli: Research Article", *Psychological Science*, 2007,18(5): 421-428, <https://doi.org/10.1111/j.1467-9280.2007.01916.x>.

[47] Wayne C. Drevets, Tom O. Videen, Joseph L. Price, Sheldon H. Preskorn, S. Thomas Carmichael y Marcus Raichle, "A Functional Anatomical Study of Unipolar Depression", *Journal of Neuroscience*, 1992, 12(9): 3628-41, <https://doi.org/ 10.1523/JNEUROSCI.12-09-03628.1992>.

[48] Roger Bartra, *Cultura y melancolía*, Barcelona: Anagrama, 2001.

[49] *Idem.*

[50] Roger Bartra, *El mito del salvaje*, Ciudad de México: Fondo de Cultura Económica, 2011.

[51] Jules Cotard y Jules Seglas, *Delirios melancólicos: Negación y enormidad*, Madrid: Ergon, 2009.

[52] Jesús Ramírez-Bermúdez, Luis C. Aguilar-Venegas, Daniel Crail-Meléndez, Mariana Espínola-Nadurille, Francisco Nente y Mario F. Méndez Cotard, "Syndrome in Neurological and Psychiatric Patients", *The Journal of Neuropsychiatry and Clinical Neurosciences*, 2010, 22(4): 409-416. <https://doi.org/10.1176/appi.neuropsych.22.4.409>.

[53] Pedro Arturo Aguirre, *Historia mundial de la megalomanía*, Debate, 2013.

[54] María Elena Medina-Mora, Guilherme Borges, Corina Benjet, Carmen Lara y Patricia Berglund, "Psychiatric Disorders in Mexico: Lifetime Prevalence in a Nationally Representative Sample", *The British Journal of Psychiatry*, 2007, <https://doi.org/10.1192/bjp.bp.106.025841>.

[55] *Idem.*

[56] OMS, *op. cit.*

[57] Federico Campbell, *Padre y memoria*, Ciudad de México: Océano Exprés, 2014.

[58] Francisco González-Crussí, *The Five Senses*, Nueva York: Kaplan Publishing, 2009.

59 Christiane Olivier, *Los hijos de Yocasta*, Ciudad de México: Fondo de Cultura Económica, 2003.
60 *Idem.*
61 Emil Cioran, *op. cit.*

La emergencia creativa

1 Germán E. Berrios y Filiberto Fuentenebro de Diego, *op. cit.*
2 *Idem.*
3 Karl Jaspers, *Psicopatología general*, Ciudad de México: Fondo de Cultura Económica, 1977.
4 *Idem.*
5 Eugen Bleuler, *op. cit.*
6 Germán E. Berrios y Filiberto Fuentenebro de Diego, *op. cit.*
7 Jesus Ramirez-Bermudez, Luis C. Aguilar-Venegas, Daniel Crail-Meléndez, Mariana Espínola-Nadurille, Francisco Nente y Mario F. Méndez Cotard, "Syndrome in Neurological and Psychiatric Patients", *The Journal of Neuropsychiatry and Clinical Neurosciences*, 2010, 22(4): 409-416, <https://doi.org/10.1176/appi.neuropsych.22.4.409>.
8 Paul Ricoeur, *La metáfora viva*, Madrid: Trotta, 2001.
9 M. Marsel Mesulam, "From Sensation to Cognition", *Brain*, 1998,121(6): 1013-1052, <https://doi.org/10.1093/brain/121.6.1013>.
10 Stanislas Dehaene y Jean-Pierre Changeux, "Neural Mechanisms for Access to Consciousness", The Cognitive Neurosciences, 2004,3: 1145-1158.
11 Roger E. Beaty, Yoed N. Kenett, Alexander P. Christensen, Monica D. Rosenberg, Mathias Benedek, Qunlin Chen, Andreas Fink, Jiang Qiu, Thomas R. Kwapil, Michael J. Kane y Paul J. Silvia, "Robust Prediction of Individual Creative Ability From Brain Functional Connectivity", *Proceedings of the National Academy of Sciences*, 2018, 115 (5) 1087-1092, <https://doi.org/10.1073/pnas.1713532115>.
12 Lucina Q. Uddin, "Salience Processing and Insular Cortical Function and Dysfunction", *Nature Reviews Neurosciences*, 2015, 16(1): 55-61, <https://doi.org/10.1038/nrn3857>.

13 Orhan Pamuk, *La mujer del pelo rojo,* Ciudad de México: Literatura Random House, 2018.

14 Cicerón, *op. cit.*

15 José Luis Díaz, *Frente al cosmos: esbozos de cosmología cognitiva,* Ciudad de México: Herder, 2016.

16 *Idem.*

17 Nina E. Fultz, Giorgio Bonmassar, Kawin Setsompop, Robert A. Stickgold, Bruce R. Rosen, Jonathan R. Polimeni, Laura D. Lewis, "Coupled Electrophysiological, Hemodynamic, and Cerebrospinal Fluid Oscillations in Human Sleep", *Science,* (80-), 2019, 366(6465), <https://doi.org/10.1126/science.aax5440>.

La melancolía creativa de Jesús Ramírez-Bermúdez
se terminó de imprimir en mayo de 2022
en los talleres de
Impresora Tauro, S.A. de C.V.
Av. Año de Juárez 343, col. Granjas San Antonio,
Ciudad de México